Medical Crisis after COVID-19

新たな医療危機を超えて

コロナ後の未来を医学×経済の視点で考える

医師・経済学博士
真野俊樹＝著
Mano Toshiki

日本評論社

まえがき

通信技術の発達、ＳＮＳの発達により情報が乱れ飛ぶ時代になった。そういう時代に起きた今回のコロナ禍では、まさにさまざまな情報が乱れ飛んでいる。

インターネット上に流れる情報は第三者のチェックが入っていないものが多い。さらに、本人も気楽に書いてそのまま投稿しているので、仮に意見が間違っていたとしても、訂正などはしないことも多いのではないか。

しかも見る方からすれば、検索で出てくる情報なので一定の信頼を置く。そのために今回のコロナ禍において、情報の乱れ方が半端ではない。

しかし、たとえばこの本においては――もちろん筆者である私の主張をひっくり返すというものではないが――日本評論社の方が第三者の目で客観的に正しい記述なのかどうかをチェックしてくれる。出典もしかりである。

本文中でも述べるが、エビデンスに基づくべき学問の代表である医学の分野においても、コロナ対策には経済の要素あるいは倫理の要素などが入ってくるために、意見が分かれた。一番典型的な例はＰＣＲの検査をどこまで広げるかといった点であろう。

一方、コロナ禍は経済にも影響があるので、社会科学の学者も多くの発信を行っている。むしろ医学の専門家である医者は現場も忙しいので、医学分野でない人の方が情報発信が多いとも言える状況である。もちろんそれが悪いわけではないが、会議において声が大きい人の意見の方が通りやすいがごとく、ネット上でも同じような意見に触れる機会が多ければ多いほど、「そんなものか」、と思う人が増えるだろう。その意見が、ベストセラーの書籍にでもなった日にはなおさらである。

もちろん筆者が言っていることが正しいかどうかは現時点ではわからないが、本書はこういった状況のなかで、医学と経済（経営）の両方にある程度通じている者の責任において執筆されたものである。

たとえば、こんな視点を提案している。

経済の視点を医療に当てはめる、その例の一つを先んじて考えてみよう。

2019年2月8日に亡くなられた、ベストセラー作家の堺屋太一氏の言葉に「規格大量生産」がある。氏は1970年代に世界の文明においては規格大量生産は終わったとした。「規格大量生産」の意味は明確ではないが、ここでは、「官主導で規格を決め、それに基づいて高品質のモノを大量に生産すること」と考えよう。

2010年代になって、株価の時価総額で比較すれば明らかなように、日本経済は凋落していった。その後の日本の凋落の原因を、氏は「アメリカやヨーロッパが文明を転換している間に、日本はひたすら規格大量生産を続けた」からだと語る。

しかし、そんななかで、医療分野は優れたパフォーマンスをあげていた。なぜこれが実現できたのかといえば、日本人の得意な「規格大量生産」を医療分野でも行っていたからではないか。

ここで、反論があろう。医療はサービス業ではないか、日本におけるサービス業の生産性は低く、また製造業ほど生産性が増加しないために、医療も同じ問題を抱えているのではないかと。

しかしそうではない。日本の場合には国民皆保険制度のもとで公定の診療報酬制度が行われ、この値決めは、実体経済とも生産性ともリンクしていないからだ。

もちろん、この思想が間違っているわけではない。著名な経済学者の故宇沢弘文氏が言われるように、医療のような社会的共通資本を経済の範疇にとどめることが正しくないという考え方があるからだ。

ここで、医療経済学の助けを借りよう。医療経済学では、医療の評価に3つの軸を用いることがある。この軸は1965年にジョンソン政権が導入したメディケアの設計に中心的に関わり、「メディケアの父」とも呼ばれている高名な医師であるキシック氏の主張で、「(良い) 医療の質、(良い医療への) アクセス、(安い) 費用」を満たすのは難しいというものだが、逆にこの3つを医療レベルへの評価として使用する。

日本においては、この3つがかなり高いレベルで満たされていると言われ、筆者も著書『日本の医療、くらべてみたら10勝5敗3分けで世界一』(真野 2017b) で詳細を論じているが、日本の医療レベルが非常に高いことは、その他の研究でも触れられている。特に、重要なのは生活習慣病対策である。がんも含めた生活習慣病対策は、先進国では大きな課題とされた。29頁の図1-1に示すように、日本でも実際に多くの医療費をこの分野に使っている。

筆者は成功の理由を、日本が得意な「規格大量生産」型の仕組みを、厚生労働省が規格を決め、診療報酬制度で後押しし、そこに医師会など関連団体の協力、多くの開業医の協力のもとで実現できたからではないかと考えている。さらに、そこに日本人のきめ細やかさが医療の質を高めたことは言うまでもない。供給側が日本人が得意な「規格大量生産」（安く、良い医療）であったと同時に、需要側（良いアクセス）については、全国津々浦々に行き届いた病院や開業医、さらに金銭面では国民皆保険制度が後押ししたと言えよう。

しかし、コロナ禍のように規格を官主導で決めることができない場合に、日本の医療提供体制はもろさを露呈した。さらに他産業で起きた事例と同様に、ＩＴ革命が医療分野でも起きようとしている。現状で、この変化にキャッチアップできるのであろうか。

これは、簡単な例だが、こういった形で医療と経済を論じていきたい。

筆者は、そのオリジンは医師なので医学的な視点の方が経済の視点より強いであろう。その意味でバイアスがかかっているかもしれないが、それでも一人の人間が極力医学と経済において中立であろうとして書かれたのが本書である。

日本の皆さんの混迷に対して、方向性が見える一助となれば幸いである。

目次

第2章　医療保険財政の危機

序章 コロナ禍をどう考えるか？

医学×経済の視点

■はじめに

筆者は、医師（内科医、産業医）である一方、中央大学と多摩大学の二つのビジネススクールで医療マネジメントを教えている。２０２０年10月からは、名古屋大学の工学部系の未来社会創造機構の客員教授にも就任し、まさに未来の医療や社会について考えている。多摩大学大学院に次いで筆者が勤める二つめのビジネススクールである中央大学大学院の戦略経営研究科に専任教員として雇用された段階で、現場の医療はやめ、現在は産業医のみをしている。ただ、やはり内科医としての矜持は持ち続けたいと思い、内科専門医も試験は受け登録を更新している。

このような背景を持つ人間にとって、今回のコロナ禍がどのように映ったのかをお話するところから、本書を始めていきたい。エッセンスは、次のような問題意識である。医療、年金、福祉（介護含む）は、通常は社会保障分野に含まれるが、筆者は、医療が次の三つの意味で社会保障分野から逸脱してしまったと考えている。一つめは医療の範囲の問題、二つめは医療の中心者は医師であるが、そもそも社会保障に携わろうとして医師になっている人がほとんどいないという点、そして三つめは産業としての発展が著しい医療分野を社会保障財政で賄うのが徐々に無理になってきている点である。

本書を読み進めていただくと、この三点の問題意識がなぜ起きたか、そしてそれが正しいのかどうかがわかるのではないかと考えているが、序章ではまず、2020年の2月から3月にかけて筆者がオンラインで公表した記事がヤフーのアクセスランキングの雑誌総合部門でトップを何度も飾ることになった経緯も含め、最近のメディアの動向にも触れながら本書を始めてみたい。

1 新型コロナウイルス感染症の発生と拡大

■医療を国際比較する

筆者の現在の研究テーマの一つは「医療の国際比較」である。何を比較するのかと言うと、専門的には医療制度の比較であるが、具体的には、医療の財政面をどのように賄っているかというファイナンス面の比較、あるいは病院やかかりつけ医の仕組みといった医療提供体制の比較などである。データに基づいて国際比較を行う方法もあるが、筆者はもともと医師として現場にいたため、海外も含めて実際の医療現場を見に行きながら政府関係の人などとも意見交換し、筆者なりの真実を見出そうとしている。

このような研究の一環で、筆者は2020年の3月にアメリカでの海外視察を予定していた。当初、中国の武漢から感染拡大が始まったときには、視察のメンバーと「少し心配だね」などと話していた。感染症の発生が1月で、われわれの視察が3月の上旬であったので、筆者は当初、高を括っていた。

2002〜03年に広がったSARS（重症急性呼吸器症候群）や2012年から発生したMERS（中東呼吸器症候群）といった今回と同じようなコロナウイルスの感染症は、そもそも日本への影響はほぼなかったし、今回も比較的毒性が強いとはいえ、所詮はコロナウイルスだろうと考えてしまっていたからだ。しかし、一緒に視察に行こうとしていた感染症の専門医は少し反応が違った。「結構厄介なことになるかもしれないのでキャンセルもありかも」と、そのとき彼は筆者に言った。しかし、筆者は当時「キャンセルなんてとんでもない」と反応した。

■第一波と第二波

2020年の1月末から2月にかけての日本での対応を見ると、当時の筆者の感覚がおかしかったとも言えないだろう。専門家のなかでは、ダイヤモンド・プリンセス号での感染拡大も含め、2月から3月上旬までの感染の広がりを「第一波」と呼ぶことが多い。これに対しては、ある程度封じ込めができたというのが、専門家の見解である。というのも、この時期は震源地である中国からの感染に注意していればよく、日本独特の戦略である「クラスター対策」がうまくいっていたからである（第1章参照）。

しかし残念ながら、海外視察についての筆者の予想は外れた。中国以外の海外からの受け入れや、日本人の海外への移動に対して制限しなかった状況から、専門家的には「第二波」と呼ばれる新型コロナウイルスの感染拡大が、3月上旬以降に起きてしまったのである。

新型コロナウイルスの特徴として、無症状で人に感染させるという点が指摘される。しかし、他の多くのウイルス感染症でも無症状の段階、すなわち潜伏期に他人に感染させてしまう点では同じである。

ウイルスが体内に取り付いてから、一定の数以上に増えないと症状が出ないので、ウイルスによっては本人も気がつかないうちに、この間に他人に感染させることがあるのである。有名なところでは、麻疹や風疹などがこのタイプであり、新型コロナウイルスも同じである。すなわち、海外で感染して日本に入ってきた人が、症状が出る前に他の人に感染させてしまう可能性があるということである。これが第二波の原因と言われている。

諸外国で新型コロナウイルスの感染が爆発的に増えた時期は3月の上旬から中旬以降である。また、海外からの渡航者あるいは日本人の海外への移動に対してなかなか制限をかけなかった。そして、第二波が起きた。

■海外で爆発的感染が起きた理由

さて、われわれの視察はどうなっただろうか。視察に行く予定だった3月8日は、まさにアメリカで感染が広がり始めた時期であった。しかし、「日本での第一波のような形であれば、そんなに大したことはないだろう」と考え、2月下旬までは海外視察を行うつもりだった。

このなかで視察の責任者であった筆者は、このまま視察に行くべきか行かないべきか、大いに悩んでいた。目的地は、特に感染が広がっていたニューヨークや西海岸と違い、コロナ感染が落ち着いている状況の地域だったからである。つまりその時点で、今後アメリカ全土に感染が広がっていくのか、あるいは局所的に封じ込めることができるのか、という判断が必要になった。

ここで筆者が気づいたのは、このウイルスの感染の仕方である。通常、ウイルスの感染経路には、接触による「接触感染」、空気中の唾などにウイルスがひっついて起こす「飛沫感染」、そしてウイルス自体が空気のなかを浮遊していって人に移す「空気感染」がある。

現在ではいろいろな意見があるが２０２０年3月時点の段階では、新型コロナウイルスは空気感染を起こさないと見られていたため、感染の拡大はそれほどひどくはならないのではないか、という見方が大宗を占めていた。しかしアメリカ人はマスクをすることを嫌うし、そもそもハグをしたり、肩を叩いたりと、日本人に比べて接触の回数が多い。

それに加え、国民皆保険制度がないアメリカでは、熱が多少あるぐらいでは医師を受診しないことも多いので、新型コロナウイルス感染症の症状が顕在化するまで、すなわち感染を起こしやすいタイミングになるまで、個人個人が対策を打たないのではないか、などいろいろなことが頭を駆け巡った。

最終的には、出発予定日の数日前に視察を中止する決断をした。視察の際に参加予定だったカンファレンスも、その決断の二日後に中止となった。それ以外に視察に行こうとしていた病院に対しては、平身低頭のお詫びをし、旅行会社には違約金を支払うことになったが、結果的にこの判断は正しかったと考えている。というのも、われわれが帰国を予定していた日に、まさにアメリカでロックダウン（都市封鎖）が始まり、アメリカの国際空港は世界各国から帰国してきたアメリカ人で溢れていた。報道を見ると、筆者たちが使用する予定であった空港も非常に混雑しており、さらにそこにいる人たちはほとんどがマスクをつけていなかったように見えた。

■アメリカのコロナ感染を論じたオンライン記事がヒット

その後、「あれよあれよ」という間に感染は全世界に広がっていった。こういった経緯もあり、筆者はコロナウイルスの感染の広がりに対して結構強く関心を持ち、講談社のオンラインメディアである「現代ビジネス」から、次のようなタイトルの原稿を3月16日にオンラインで世に問うた。アメリカ視察に行く予定で調べていたこともあり、アメリカの話題が中心であった。

「非常事態宣言…コロナ感染で『弱点』をつかれたアメリカと日本の大きな違い——医師で経営学者が見た感染症のこれから」[1]

オンラインで原稿を発表したのは筆者も初めてではなかったが、これまではそんなに大きな反響はなく、こういった媒体もあるのだなというくらいに考えていた。しかし、今回は違った。「現代ビジネス」を運営する講談社からは、2冊ほど新書を出版したことがある。その関係から、最初に「現代ビジネス」という媒体からオンラインで原稿を出したわけだが、原稿を公開した日の昼前に担当の方から連絡があった。筆者の記事がヤフーのアクセスランキングの雑誌総合部門で1位になっているというのだ。最初、筆者は何を言われているのかよくわからなかったが、要するに非常に多くの人が筆者の原稿に関心を持って読んでくれた（クリックした）ということになる。

それに気をよくした筆者は、次の第2弾原稿を書いた。

「米大統領の『コロナは7月か8月か…』発言、その本当の意味をご存じか——ひとまず薬剤はできるだろう。しかし…」[2]

この記事も同じようにヤフーのランキングでトップを飾ることになったが、このときはかなり厳しいコメントもいただいた。一つの原因は、題名をキャッチーにしたということである。オンラインという媒体である以上、本書のような書籍と異なり、最初にクリックしてくれることが命である。そうなると、多少本文の内容とかみあっていなくても、一部を強調したような題名をつけることも多い。そして、なかなか題名にまでは著者が絡むことができない。そういったこともあってか、詳細は省くがこの記事に対してはそれなりに多くのご意見を頂戴した。

このような経緯もあり、タイトルが比較的マイルドなオンライン媒体の方がよいだろうと考えて、三回目からはダイヤモンドオンラインで記事を書くことにした。幸いにも、ダイヤモンドオンラインで公表したコロナ関連では最初の原稿である、イタリアと日本の状況を比較した記事は、前にも増して多くの方々に読んでいただき、ヤフーのアクセスランキングで、長期にわたってトップを維持することになった。[3]

2 コロナ禍が引き起こす問題の本質

■医療と経済の両面から考える

コロナ禍の特徴は、医療と経済がその病気に密接にリンクしているということである。いくつかの視点からリンクを考えることができるが、たとえば筆者が最初に気がついた点は、次の二つである。

一つは、医療制度と感染の拡大に関係があるのではないか、ということである。これは本書の中心テーマの一つなので詳しくは後述するが、すでに述べてきたように先進国ではアメリカくらいであるものの、日本と比べて医療が身近になっていないことが問題だという視点である。筆者は、「いずれアメリカと同じように医療が身近でない新興国や発展途上国でも感染が爆発するのではないか」とオンラインメディアに書いたが、まさにその通りになっている。アメリカという例外を除けば、医療あるいは医療制度の充実はその国の豊かさ、すなわち経済とリンクしている。

もう一つの、そして最大の問題は、コロナ禍への対策として、人と人との接触を削減する、つまりソーシャルディスタンスを確保する必要があるという視点である。このことは、人類の歴史のなかで脈々と進んできたグローバル化にも影響を及ぼすし、当初大騒ぎになったが、モノが国境を越えて移動しなくなることから、トイレットペーパーやマスクがなくなるなどといった風説が流れ、本当に店頭から消えたりもした。外食や観光業を含めたいくつかの産業は、依然としてこのダメージから回復していない。

このように、通常の疾患、たとえば日本で非常に対策がうまくいっている生活習慣病などは医療のなかで話が完結することが多いのに対して、少なくともこの新型コロナウイルス感染症は、経済にも大きな影響を及ぼす疾患なのである。

■誰が専門家なのかわからない

こうした状況下で重要な問題は、誰がこの新型コロナウイルス対策の専門家なのかが見えなくなってしまう、ということである。病気という意味では医学の専門家の出番であろう。しかし、それが経済に大きな影響を及ぼすということになると、経済の専門家の出番だとも考えられる。

しかし、少なくとも当初は経済にここまで大きな影響があると考えられていなかったためか、日本ではコロナ対策の専門家会議のメンバーに経済の専門家は含まれていなかった。ところが、経済にも大きな影響がありうることがわかるにつれて、医療分野の専門家ではない人たちも発言をするようになってきた。２０２０年9月からは、コロナ対策を議論する分科会に経済学者も参加している。なお、専門家については視点を変えて終章で詳しく論じたい。

■学際あるいは学問のなかでのぶつかり合い

これは筆者のように学際的に研究をしている人間から見ると非常に興味深いところではあるが、医師などの医療の専門家が経済を学ぶということと、経済の専門家が医療を学ぶということの二つの方向性が生じている。医療の専門家は現場の仕事が忙しいかもしれず、発言する人はさほど増えないが、人文・社会科学系の学者やコメンテーターなどは、発言することが本業であったり本業に近かったりする人が多いので、こちらからの発信が増えている。そして、多くの場合、依拠する学問や考え方が異なるので、お互いの意見が相容れない場合がある。

ただし、発言者の自身の専門である医療分野、経済分野のなかでも意見が分かれている。経済学においては、「経済学者の数だけ学説がある」と揶揄されることもあるが、医療側でも新型コロナについては、たとえば「PCR検査を拡大すべきか」についての議論でもさまざまな意見が乱れ飛んだ。ただしこのことは、医学に根拠がないということを意味するわけではない。これは医学の応用である医療の分野での意見の相違であって、医学ではPCR検査の正確性は判断できるが、それをどのように応用すればコロナ禍を退治できるかという点で根拠がないということである。経済学で言えば、金利が上がれば、銀行からお金を借りる人や企業は減るだろうが、それが必ずしも景気を悪くするというわけではない、といった関係に当たるだろう。こうなってくると、エビデンスも出してはくるものの、実際には各自の考え方や解釈に基づいて論争が起きる。学際的な分野なので、なおさらその傾向は強くなる。

つまり、医療の専門家はロックダウンなどの厳しい対策を要求するのに対して、経済の専門家はロックダウンが経済に与える負の効果を重視し、それを否定するという形で論争になる。結果、ヨーロッパではめずらしく経済あるいは個人の生活を最優先したスウェーデンや、早期にITを使って比較的コロナへの対策がうまくいっていた韓国や台湾を除くと、ほとんどの先進国ではロックダウンが行われることになった。

　ロックダウンももちろん広い概念であり、ヨーロッパの一部の国でみられた戒厳令のような強さを持って行われる場合もあれば、日本のようにロックダウンではなく緊急事態宣言として、あくまで自粛を呼びかけるにとどまる緩やかな対策もある。しかし、いずれにしても経済に大きな負の影響を与えることは間違いない。そのため、経済の専門家の出番が徐々に増え、先にも触れたようにコロナ対策を議論する分科会にも経済学の専門家が参画することとなった。国の動きとしてはこういった話になるのだが、先ほどから述べているメディアの世界、特にオンラインでの発言に関してはこの争いというか、意見の交換というのは結構激しかったし、現在もその激しさのまま続いていると言えるかもしれない。

■見方の違い：エビデンスはどこまで正しいのか

　詳細は第1章以降に譲るが、この序章では「立場による見方の違い」について触れておきたい。コロナ禍の比較的早期である2020年7月21日に、岩波新書から『コロナ後の世界を生きる』[4]という本が出版された。同書の3頁に農業史研究者である藤原辰史がおもしろい論説を寄せている。

　そのまま引用すると、「想像力と言葉しか道具を持たない文系研究者は新型コロナウイルスのワクチンを製造できないし、治療薬を開発できない。……たとえば、歴史研究者は、発見した史料を自分や出版社や国家にとって都合のよい解釈や大きな希望の物語に落とし込む心的傾向を捨てる能力を持っている」という。

さまざまな発言をされている学者やコメンテーターが、ここで言われている「文系研究者」に当たるかどうかわからないが、いくらエビデンスがあるといってもそこには解釈が伴っており、同じエビデンスであっても解釈や発言の方法によって印象が変わってくる。そして、オンラインメディアの隆盛によって、そういった言説がダイレクトに読者のもとに届くことになる。

■多様なメディアとどう接するか

読者の側でも、その書き手が述べている言説の背景までふまえて判断する、という意味でのメディアリテラシーを持たないと誤解が生じることになるかもしれない。幸いなことに、通常はネットをみればその人の経歴などはすぐにわかる。ただし、多くの人がネット社会で容易に行うことができるはずの、このことを行っていない。たとえば、筆者の「現代ビジネス」で二番目に公表したオンライン記事に多くのコメントがついたと先に述べたが、筆者のことを医師だと認識せずにコメントをつけていた方もいた。たとえば、「医師でもないのに感染症のことを語るな」といった内容である。匿名で書けることもあり、読んだ記事に書かれている意見に対して、自分が気に入らないと条件反射的に批判をするのであろう。そして、さまざまな立場の人々が発する多くの言説を最終的に解釈し、判断するのは、政治家や経営者、場合によっては国民一人ひとりなのである。

本書は、医療分野と経済・経営分野の視点から書かれており、社会学や倫理学といった視点がどうしても弱くなる。そういったことをふまえて本書を読んでいただけると、さらに皆様のお役に立てるのではないかと思う。そこで序章の最後に、筆者のスタンスをもう少し述べておこう。

3 医療技術と経済

■医療技術の進展と産業化

医療においては、個々の患者の疾病を診断・治療するのが本流であることは言うまでもないが、医療にもマクロの視点に立って考える学問分野として「公衆衛生学」がある。新型コロナウイルス対策でも中心になっている先生方で、臨床に比べると少し異なる立場かもしれないが、この分野もやはり医療の本流と言える。それに比べると、筆者が現在所属しているビジネススクールでは、医師が専任教員として教鞭をとるケースは少ない。

そもそもビジネススクール自体の数があまり多くないということもあるが、やはり医療とビジネスというテーマが、一般の現場の医療従事者にとっては少し距離があるであろうし、医療をマクロで俯瞰する公衆衛生学から見ても、ビジネスには少し距離を感じるのだと思う。

しかし、今回のコロナ禍をみても、筆者は必ずしもそうは思わない。というのも、医療のなかで産業的要素がかなり強くなってきているからである。江戸時代の名医と言われる「赤ひげ」の時代であれば産業的要素はほぼなかった。しかし近年、特に最先端の医療機器や高額な薬剤を使わなければ、治療も診断もできない状況になっているのは事実である。もはや内科医といえども、個人の技だけで対応できる範囲がかなり少なくなっている。さらに、ＩＴの進歩や、それに伴うＡＩ技術の進歩が、その傾向に拍車をかけることになる。

たとえば、一人の治療のために1億6500万円必要な最先端の薬剤（なお、この薬剤は難病の脊髄委縮症を完治させる）が出現したり、ロボット手術のダビンチ、ハイテク機器の手術室であるスマート手術室などのように医療技術が高度になるだけではなく、ＩＴを使って日常生活を管理して、医療成果を上げようという動きさえ出てきた。

■医療とお金の問題

このような状況下で医療費の問題を考える医療経済学や、それをいかに効率的に解決していくかを考える医療マネジメントの視点をふまえずに医療のテーマを語ることができないということに、筆者は1995～97年にアメリカ留学をした際に気がついた。

医学は全世界共通だが、医療制度は国によってまったく異なる。簡単に言えば、国民皆保険制度を持たないアメリカの医療はお金次第であり、それが今回の新型コロナウイルスのような普遍的に感染する病気に対しての弱さにつながっている。また、第3章で詳しく述べるが、効率性を求めるヨーロッパの国々では、医療に余裕がなく、今回のコロナ禍での惨事につながった。そして、医療制度の方向性を決めるのは、その国の政治と歴史である。

今日のようにほとんどの先進諸国で高齢化が進み、かつ医療技術の進歩によって医療費が高騰してきている状況では、政治的な判断の多くは限りなく医療費削減につながる。しかし歴史というのは、その国が今まで医療をどのように提供してきたかにつながるので、一朝一夕では変わりにくい。たとえば日本の場合でも、いくら人口が少なくなったからといってもいきなり病院を閉鎖することはできないだろう。

ヨーロッパや韓国では、医師の給料が減ったり医師の数が増加したりすることに対して、今でもデモなどが起きたりすることもある。この辺りは医療の特徴で、同じ社会福祉であっても年金のようにお金を渡せば終わりというものとは違い、間に医師や病院といった医療提供体制が入ってくる。

さらに言えば、日本の場合、医療法人の病院などは自分の病院として続けてきたという背景もある。一時的な名誉やお金儲けのためにやってきたことならいざ知らず、目の前の患者のため、あるいは社会のためと思って病院を経営していた経営者が大半であり、ある日突然「お前の病院は必要がない」と言われたり、「今まで行ってきた手術中心の急性期対応の病院ではなくて、慢性期対応の病院になれ」と言われたりしてもなかなか納得いかないであろう。

繰り返しになるが、そこが日本とヨーロッパの異なる点である。ヨーロッパにおいては国立や州立など公立の病院が多いので、病院を減らすということが医師や他の医療従事者の志をくじくことにはならない。したがって、大胆な病院削減といったことも可能である。しかしながら、歴史とは皮肉なもので、そこで大胆な病院削減を行ったことがコロナ対策では裏目に出た。

また、済生会や日本赤十字病院などの公的あるいは公立病院が医療を中心に行うという日本のスタンスが、今後世界標準となるかどうかはわからない。繰り返しになるが、多くの先進国、および中国やロシアなどの国々では公立部門が医療を支えてきたが、国の資金が豊富でない発展途上国や新興国、たとえばフィリピン、インドネシア、マレーシア、タイなどのアジアの国々、さらにアフリカ、ブラジルなどの南アメリカの国々などにおいて、公立病院を中心に医療体制が組めるとは限らない。医療ニーズが生活習慣病を含めてかなり広範囲に拡大しているなかで、そのすべてを国のお金、あるいは国の体制でやることが難しくなっているからである。言い換えれば、一部の感染症対策病院だけであれば、すべて公立で賄えるということになる。ことほどさように、医療提供体制というのはかなり複雑なもので、これをどう再構築するかということは今後の日本が直面する新たな課題でもある。これらの点を本書で皆様と考えていきたい。

注

1　マネー現代、2020年3月16日（https://gendai.ismedia.jp/articles/-/71109）。
2　マネー現代、2020年3月21日（https://gendai.ismedia.jp/articles/-/71225）。
3　「コロナで絶体絶命のイタリアと違い、日本で死者激増の可能性は低い理由」ダイヤモンドオンライン、2020年3月24日（https://diamond.jp/articles/-/232537）。
4　村上（2020）。

第1章

新型コロナショックと日本

1 新型コロナウイルスがわれわれに迫る選択

■新型コロナウイルス感染症の特徴

2020年4月8日、政府は一度目の緊急事態宣言を発出した。日本医師会や東京都医師会をはじめ多くの人々が要望しており、ようやく出たというところだろうか。政府の肩を持つわけではないが、逡巡した気持ちもわからないではない。3月に政府が一斉休校の要請を全国一律で出し、結果として政権のイメージを損ねたというトラウマがあったからだろう。実際、春休みになって休校要請の継続か撤廃かを明確に示すことが政府にはできなかった。この経験からわかることは、一度要請を出した後でそれを解除するのは非常に難しいということである。

それは新型コロナウイルスの特徴による。新型コロナウイルスは不顕性感染、つまり症状が出ない感染者が多く、かつそうした無症状感染者が他人に移す可能性があるといった、きわめて厄介な特徴を持つ。そのため、当面は人と人との距離をとって感染を防ぐ、つまりソーシャルディスタンスをとるしか、感染拡大を防ぐ方法がないのだ。新型コロナの蔓延を防ぐ戦略の一つとして、緊急事態宣言に意味があることは間違いない。しかし、この手段は一度始めてしまうとやめるのが非常に難しいのである。実際に、日本を含む各国において、ロックダウン解除の基準は曖昧であった。

■大量の医療資源を必要とするコロナ禍

序章でも述べたが、筆者が今回のコロナ禍の最も重要な点ではないかと考えている点に、再度触れておきたい。それは、医療資源の問題である。

医療資源とは医師などの医療従事者や病院のベッド、医療機器などを指す。すでに知られているように、コロナの感染者の8割方は軽症だが、2割の人が入院することがあり医療資源を必要とする。そして数%の人がICU（集中治療室）に入室することになり、さらに医療資源が必要となる。現在の医学では、ICUに入室してもECMO（体外式膜型人工肺）などによる徹底した呼吸管理などで回復が期待できる場合もある。しかし、病気が悪化した際に医療資源が足りず、必要な措置が受けられないために死亡する患者が出てしまう状況が生じた。

たとえば、空気感染を起こし、かつては国民病とまで言われ恐れられた結核の場合を考えてみよう。日本における2018年の結核の死亡者数は2204名で、人口10万人当たりの死亡率は1・8になる。一方、2020年12月31日時点での新型コロナウイルスによる死亡者数は3492名であった。新型コロナウイルスによる日本最初の死亡者の発生が2月13日であることを考えると、約11カ月でこの数字であるので、1年間で見ると結核よりもやや多い程度のレベルである（もちろん死亡者数が月ごとで変わるので、最終的な着地点は予想しにくいことに注意）。

結核は1950年代までは死亡原因の第1位であったし、そのときの死亡者数は現在の100倍であったと言われる。1950年代までは、結核には治療法がなかったので死亡者数ももちろん多かったが、逆に言えば医療資源の過不足などの問題はなかった。

結核は、現時点でも新型コロナと同じくらいの死亡者数が出ているものの、その感染者数には差がある。日本の年間での結核罹患率は人口10万人当たり11・5で感染者数は2万人以下であるが、新型コロナの感染者数は、2020年12月31日現在、23万5908名となっている。

死亡者だけが重症患者ではない。重症で、ある程度の医療資源を必要とする患者数は、感染者数に入院の比率を掛け合わせた患者数となる。そう考えれば、感染者数が多いことも、医療資源の枯渇につながる。そもそも日本は、他の先進諸国に比べて新型コロナ感染者数が少なかったのは間違いない。

したがって、結核に比べれば、新型コロナ患者は、1年を待たずに結核の10倍以上の感染者数なのであるから、適切な比較ではないという批判もあろう。しかし、新型コロナ感染者は、結核とは異なり早期に回復することが多いので、この数は累積患者数であることに注意が必要だ。また、コロナ患者の大半は軽症である。

そこで、同じように隔離を行っている結核患者と、医療資源の視点から比較をしてみよう。一つは、新型コロナウイルス感染症の場合、新規感染者数が多いためにより多くのベッド数が必要であったことが挙げられる。もう一つは、当初は感染者数の20％が定期的に医学的な管理が必要ということで入院したことに加え、全体の数％がＩＣＵに入室したり、人工呼吸器をつけたりという、まさに非常に多くの医療資源を使った管理が必要であるという点で、結核との差がある。

もちろん、結核の場合も最終的には呼吸不全、結核菌の全身への広がり、合併症との関係などで死亡する患者も出てくるが、医療資源の枯渇は問題にはならない。したがって、専門家や医師の間では継続的に注意喚起がなされているが、どちらかといえば「過去の感染症」という位置づけである。もし結核が、新型コロナウイルスと同じように感染対策に手間がかかり、患者対応のために通常の医療が滞ったり、結核患者が大勢ＩＣＵに入室して医療資源を大量に消費したりするならば、患者であっても命の選択が必要となり大問題になるだろう。しかし結核の場合は、感染者数が少ないとはいえ、同じような死亡率であっても、そうはなっていないのである。

■選択が必要なのは命だけではない

新型コロナウイルスほど、われわれに「選択」を迫るウイルスはない。そう言われても、読者の皆さんはピンとこないかもしれないが、「命の選択」という言葉は目にされたことはあるのではないだろうか。

２０２０年４月には、アメリカ、イタリア、スペインなどで、２０２１年４月にフランスでは医療崩壊が起こり「命の選択」が迫られることになった。人工呼吸器をつける患者とつけない患者の選択が、医療従事者に迫られていたのである。当然、人工呼吸器をつけなければ、その患者は死んでしまう。まさに究極の「命の選択」である。これによる不幸は患者だけを襲うわけではない。医師にとっても大きな不幸である。患者の命を救うことが使命である医師にとって、これは大きなトラウマになり、うつ状態になってしまう医師も出た。なお、ここで言っている医療崩壊とは、アメリカ、イタリア、スペイン、フランスなどの国で起きたように、一日の死者数が何百人あるいは何千人出るという状況を指している。

■日本では命の選択は迫られなかった

表1-1に示したように日本では、すでに述べたように医療キャパシティが大きく、2020年4～5月の感染拡大時には医療従事者の頑張りで医療崩壊を起こすまでの状態にはいたらなかったものの、実はわれわれには多くの選択が迫られていた。

こんな例もある。「ホワイトプラン」は、フランスにおいて2004年8月9日に制定された大災害の場合の緊急医療計画である。このホワイトプランでは、医療の確保と同時に優先順位をつけることになる。たとえば、2015年にフランスのパリ市のバタクラン劇場で起きたテロのときには、フランス全土に非常事態が宣言され、国境が封鎖された。このときにホワイトプランが発令されている。そして、攻撃のあった現場に医療救護所が設置され、救護用の病院も確保された。

今回の新型コロナウイルスに対してもそれと同じ状況という判断で、2020年3月7日にホワイトプランが発令され、全国のすべての病院に緊急でない手術の延期が命じられた。要するに、コロナ

表1-1　医療キャパシティの比較

	平均在院日数	ベッド数（人口1000人当たり）	ベッド占有率	急性期病床	医師数（人口1000人当たり）	脳卒中死亡率（人口10万人当たり）
イタリア	7.8	3.2	78.90%	2.8	4	62.2
ドイツ	8.9	8	79.80%	6	4.3	46.1
韓国	18.5	12.3	-	-	2.3	56.1
日本	16.2	13.1	75.50%	7.8	2.4	46.1

（出所）真野俊樹「コロナで絶体絶命のイタリアと違い、日本で死者激増の可能性は低い理由」ダイヤモンドオンライン、2020年3月24日（https://diamond.jp/articles/-/232537）より。

の患者を重点的に診察するため、待てる状況の予定手術は延期するという優先順位がつけられたのである。また、できるだけ患者を早期に退院させることで病床の確保をするという措置も行われている。

フランスでは、これらの方法によってコロナ対策を打てる病床を確保することになった。これも、政策決定者にとっては大きな選択であろう。実際に、コロナ以外で手術が遅れて死んでしまう患者もいると思われるからだ。

この点は一人の生活者として心配ではあるが、自分が「選択」に直面することはないので少し縁遠く感じられるかもしれない。しかし、新型コロナウイルスは、われわれ生活者に対しても「選択」を迫っているのである。それにはどのような場面があるのだろうか。ここで、やや極端に思われるかもしれないが、同じく究極の選択と言える「安楽死」について考えてみよう。

■安楽死をどう議論するか

2020年7月、難病であるALS（筋萎縮性側索硬化症）の患者に対して非合法に安楽死を行ったという事件が発覚して、日本でも安楽死の議論が盛んになった。もちろん日本には、安楽死に対する法律は存在しない。一方オランダでは、２００２年４月１日に安楽死が法制化された。

通常は、かかりつけ医が安楽死の実施を検討する。かかりつけ医にとっても初めての経験であることが多く、もちろん医師も悩むので、主治医に対して専門の医師がセカンド・オピニオンを提供することもある。

ここで、オランダのかかりつけ医の特徴を述べておきたい。日本と異なり、オランダの居住者は「自宅近辺の家庭医に登録しなければならない」というルールがある。家庭医の立場で言えば、通常は２５００人ほどの住民の面倒を見ており、その住民に何かあった時は15分程度で駆けつけることになる。また家庭医になるための専門教育を3年間受け、その後も生涯教育を受ける必要がある。さらに、電子化された各住民の医療情報を保管している。

家族単位で住民の面倒を見ている家庭医もおり、もちろんその家族構成員の年齢にもよるが、おじいさん・おばあさんから孫までまとめて面倒を見ていることもある。そのために、医学的な面にとどまらず、その人の周りの環境も含めた相談相手になるという点で、この家庭医の存在はオランダの安楽死問題に密接にリンクしているのである。

オランダは、安楽死を法制化しているものの、決して人々に冷たい医療制度をとっているわけではない。オランダの家庭医であるマフトルド・ヒューバーが提唱した「ポジティブヘルス」という言葉があるように、安楽死は決してマイナス面が強調されているわけではない。むしろこのポジティブヘルスのように、あくまで本人が自分自身の状態を認識し本人が主導していくという概念に、周囲の関係者も本人の真意を理解したうえでそれを支援していくという考え方であり、その一つの表れが安楽死と考えた方がいい。

このようなわけで、オランダでは日本のように安楽死についての議論を避けるわけでもなく、個人だけで決定していくという感じでもなく、安楽死については「かかりつけ医に相談をしながら、自身で最終的な決定をする」という形になっている。しかし現時点では、日本でこのような流れで安楽死の議論を行うのは難しいのではないかと筆者は考えている。それでは、日本人にはなじみが少なく、少し考えさせられる「命の選択」の話題は終えて、次節からは別の話題に変えよう。

2 感染は自己責任か？

■コモンズの悲劇

経済学には「コモンズの悲劇」という言葉がある。1968年、生物学者ハーディンは、『サイエンス』誌に「コモンズの悲劇」という論文を発表した。[1]「コモン（common）」とは、「共通の」「共有の」という意味を持つ英語だが、「コモンズ（commons）」とは、近代以前のイギリスで牧草の管理を自治的に行ってきた制度のことを指す。人々が限られた資源を共有している場合、各々が自分の利益の極大化を第一義とする考え方に基づいた行動をとるならば、共有資源は枯渇し、結果として構成者全員が生活基盤を失うと彼は主張し、次のような「コモンズの悲劇」モデルを提示したのである。

「一定の広さを持つ共有の牧草地でウシを飼育する集団がいる。他の牧夫たちに先んじて牧夫Aは、ウシを増やし、追加収入を得た。Aの考えは理に適っているので、牧夫たちはみなこぞってウシを増やした。しかし、ウシが増えれば牧草地は過密状態になり、荒廃して必然的に共倒れとなってしまう」

新型コロナウイルス感染症が拡大するなかで医療が置かれた立場も同じであった。一時期においては、イタリア、フランスやドイツのように、医師などの医療従事者、人工呼吸器のような医療機器、病院のベッドなどの医療資源が枯渇してきており、医療自体がコモンズになっていたのである。

■悲劇の解決策

この状況に対して解決策は二つある。一つは上からの管理である。中国では後述する芝麻《ゴマ》信用などの仕組みを使うなどして、企業中心とはいえＩＴによる管理が進み、どの人が模範的な行動をとり、どの人が模範的でない行動をとっているかについての情報が企業おそらく政府にも伝わるような状況となっている。模範的な人にはよい点を与え、そうでない人にはマイナス点をつけるという、上意下達のやり方だ。無駄に医療資源を利用できないように管理することができる。

中国とはまったく違う対応で、日本にも模範例がある。拙著からの引用であるが、以下のような例である。

「ある過疎地で医師が病気になった。この過疎地には医師は一名しかいない。病気になった原因は過労である。とくに小児を中心に夜間の診察が多かったという。ここでおもしろい現象が起きた。この医師は病気にはなったが、医師が自分しかいないこともあり、なんとか診療を続けていた。しかし、医師が病気になってから、時間外の診療は激減したという。それは、医学的な知識を多少なりとも持つ近所の人たちが、子どもを持つ若い夫婦に指導をしたからだという。その結果、夜間診療は減り、この過疎地では、さほど大きな医学的トラブルがないまま、その医師は回復し、再び日常業務に戻れたという[2]」

このような配慮がないと、サービスの提供者側である医師が、自衛のためにお客（患者）を選別し始める。「なんだ、俺は客だぞ」と言っていても、有事の場合にはどうしようもない。身近な例では、スーパーへの入店なども同じだ。有事の場合には本当に買い物のために来ている人と、単に時間つぶしに来ている人を区分することが必要で、中国のような管理方法はとらないまでも、入店時に目的や買いたいものを明示させることぐらいは必要かもしれないし、実際に行われるかもしれない。このような状況になったとき、ある患者がコロナ禍で問題になっている三密の場所である居酒屋などに、団体で入店して感染したことがわかった場合に、医療機関がどのような態度をとるのか、あるいはとるべきなのかはなかなか難しい問題である。

現状では、病気の治療は平等とされており平時の延長である。つまり、原因が何であれ病気であれば医師は診察してくれる。これは平時において、食べ過ぎて糖尿病になった人も、遺伝的に糖尿病になった人も同じように対応してくれるのと同様である。しかし、日本にはフランスのようなホワイトプランはないし、ドイツやスイスのようなガイドラインもない。共有地の悲劇が起きそうな場合に、どのような判断が行われるか、日本ではなかなか難しい問題なのではないだろうか。

医療崩壊を防ぐためにドイツやスイスのような基準が出てきてもおかしくないし、医療従事者にとっても、自己防衛するより何らかの基準があった方が望ましいだろう。しかし、残念ながら日本ではそういった基準はなかなかつくられない。そのため、そういった基準が必要となる状況にならないためにも、また「命の選択」になることをも防ぐためにも、われわれ生活者自身が、極力感染を避ける行動をとる、すなわち三密を避け、コモンズの悲劇を避けるためにステイホームという「選択」を行うことが重要だったのである。

■病気と自己責任

感染は本当に自己責任なのだろうか。日本でもときどき揉めているが、マスクはしなくてもいいのであろうか。実は、答えはノーだと筆者は考える。しかし、ノーであるから、マスクを拒否するような人はけしからんと言うだけでは、思考停止になってしまう。なぜ、「感染したって自分の責任だから何をやってもいい」「自分はたくましいのだからコロナより強い」と考える人が多く出てしまうのであろうか。

まずは医師としての立場で解釈してみよう。「疾病において自己責任」というのは、医師においても比較的受け入れられた考え方である。遺伝的な場合を除けば、生活習慣病のように自分の生活がよくないのが大きな原因であるから、病気は自己責任だという考え方である。この考え方には、患者の多くも同意するであろうし、確かに医学的にはそうかもしれない。

そして平時の医療においては、先進国であるヨーロッパ、アメリカ、特に日本においては医療の大半がこの生活習慣病対策に充てられていると言っても過言ではない。がんを生活習慣病とみなすかどうかは難しいが、厚生労働省などの統計ではがんが生活習慣病に含まれていることも多い。つまり、先進国の医療の大半は生活習慣病対策なのである（図1-1）。なので、生活者の多くが、病気は自己責任、と考えるのも無理はない。

実際に、医療費の推計でも感染症は非常に少なく、厚生労働省がまとめる2016年度の「国民医療費の概況」によれば、感染症に対しては、ウイルス性肝炎を除けば8000億円強で、全体の約2・7%しか使われていない。[3] つまり生活者の意識としても、病気≒生活習慣病、生活習慣病≒自己責任、したがって、感染して病気になることは自己責任という構図ができてしまっているのではないかと思われる。実はこの点は、後述するように、国民皆保険制度下で医師の診察を受ける場合、本当は非常に深い意味がある。

■負の外部性とは

難しいのは、新型コロナウイルス感染症が、先進国ではほぼ顧みられなくなった病気である感染症だということである。もちろん顧みられないというのは、厚生労働省などの政策担当者のことを言っ

図1-1　医科診療費の内訳

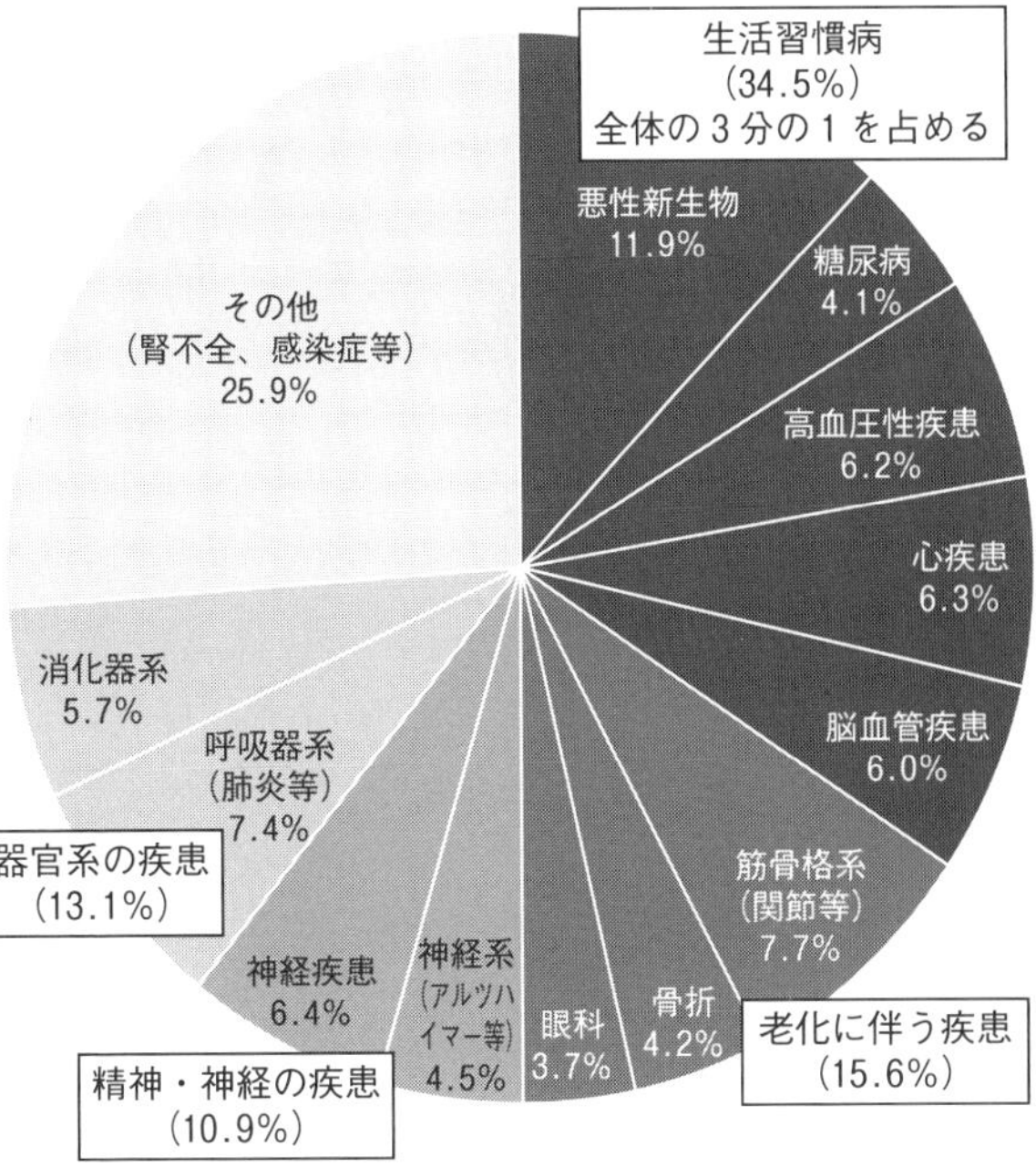

（出所）内閣官房日本経済再生総合事務局「全世代型社会保障における疾病・介護の予防・健康インセンティブに関する参考資料」(2019年3月20日）より。

ているのではない。国民の意識のことである。

　ここで、経済学に知恵を借りてみたい。経済学は、本来は「経世済民」ということで、国民のための学問である。その経済学において、「負の外部性」という言葉がある。これは「他の経済主体にとって不利に働く場合の外部性」とされる。では、「外部性」とは何だろうか。それは、「ある経済主体の行動が、第三者に何らかの影響を与える場合、その行動には外部性がある」と定義されている。たとえば、公害を垂れ流して製品をつくっている工場は、製品の販売相手ではない近隣住民に健康被害をもたらしている。この場合は、「負の外部性がある」という。同じように、感染症はわれわれが通常考えている医療であるがんや糖尿病とは異なり、他人への感染を通じて影響を与える。

さてここで、なぜわれわれが社会保険料や税金を通じて強制的に医療費に拠出させられているのかを考えると、歴史的には感染症対策に行きつく。新型コロナウイルスのケースで明らかなように、負の外部性がある感染症への対策には助け合いが必須なのである。

しかし、現在の社会では医療において感染症のウェイトはかなり低くなり、生活習慣病対策が中心になっている。言い換えれば、国民皆保険制度は「負の外部性」を持たない疾患への対策が中心になっているのである。

自己責任の国であるアメリカ以外の先進国では、国民皆保険制度を生活習慣病という自己責任のウェイトが大きいものにも援用していることが原因で、感染症という、「負の外部性」を持ち、「自己責任で勝手にやればいい」疾患ではないものでも、自己責任であると思った人が多かったのだろう。

■平時と有事の区別

平時の対応と有事の対応はやはり区別されるべきであろう。社会保障は、本来は個人の事故つまり有事、あるいは社会の有事に対しての備えをするべきものであり、今回の新型コロナウイルス騒動が明らかにしたように、生活習慣病対策は自己責任とみなす人が多いアメリカであっても、感染症対策に何兆ドル支出してもやむをえないと判断する。しかし、有事ではなく、平時の場合はどうだろうか。平時の医療である生活習慣病対策には、「効率性」も求められるべきだろう。

新型コロナウイルスの感染拡大は予断を許さない。しかしいつかは収束するわけで、その後の社会保障や医療に対して、日本も少し効率性をふまえて優先順位を考える機会になればいいのではないかと考えている。先のことを言うな、という方もおられようが、変革後の社会を考えておくことも、つらい時期にこそ必要ではなかろうか。

3 健康・医療と管理のあり方

■中国のように国民を管理すべきか：究極の健康・医療管理

２０２０年の４月に、岐阜大学の精神科の医師と横浜市立大学の研修医が、新型コロナウイルス蔓延下のこのような状況にもかかわらず、飲み屋やカラオケなどで感染してしまったという記事が出て、あちこちで炎上した。２０２０年の年末には政治家の忘年会が話題になった。筆者は、今は現場での医療行為は行っていないが医師の端くれであるので、自分が感染しないように最善を尽くしているし、もちろん周りにも感染させないようにしている。ただ、ここで中心に考えたいのは医師や政治家のモラルについてではない。

今回、一般人であるこれらの医師の行動が明らかになり、社会的に糾弾されているのは感染管理のためクラスター対策を行ったからである。つまり、通常のインフルエンザや風邪を引いたからといってこうした情報が出るわけではないし、もちろん糾弾されるわけもなかった。そして、このときの糾弾は医師という命を守るべき専門職であったため、糾弾しても社会から比較的容認されるかもしれないが、実際海外旅行から帰国した人の感染など一般の国民にも同じようなことが起きる可能性がある。

中国では感染が収まりつつあるが、これはコロナが徹底的に管理された結果とも言える。ここで少しコロナの話を離れ、日常生活に戻ってみたい。中国においてはアリババの子会社であるアント・フィナンシャルによって芝麻信用（Sesame Credit）という仕組みがつくられている。同じような仕組みは中国の他社でも見られるが、シェアが高いのでここでは芝麻信用の話題にしてみたい。芝麻信用では、信用度を350～950点の範囲で格付けし、その点数を与信や金利優遇などの判断材料にするほか、本人にも公開している。信用の点数化は五つの領域、①身分特質（ステイタスや高級品消費など）、②履約能力（過去の支払履行能力）、③信用履歴（クレジットヒストリー）、④人脈関係（交友関係）、⑤行為編向（消費面の際立った特徴）に分けて行われている。

こうした情報に加えて、中国では都会を中心に監視カメラも多く設置されている。つまり日常生活の相当な部分が管理されているわけだ。実際に、中国国務院（内閣に相当）は2016年12月には「個人信用体系建設の指導に関する意見」を発表、過去の信用データの蓄積に基づいて、飛行機や鉄道、列車などの利用に際して車両の損壊や車内暴力など問題行為のあった乗客、延べ700万人以上に対し、チケットの購入禁止などの措置を実施した。

もちろん、日用品などをアリババで購入したりすればこの点数は高くなるわけで、日常生活、すなわち消費者行動自体が管理誘導されているとも言える。中国では、個人の自由や個人の選択といったものは、実際にはないと言っていいのかもしれない。

日常生活においていつのまにか自分が誘導されているというのも気持ち悪いが、中国における新型コロナウイルスに対する早期の対策の成功は、健康や医療、さらに命といった人間の尊厳に関わる問題についても管理をすることができるということを明らかにした。対照的なのは、代表的な民主主義国家のアメリカである。個人の選択の自由を重視するあまり国民皆保険制度さえ持っていないアメリカは、今回の新型コロナ対策ではその弱さを露呈した。

■日本の状況

一方、日本においては、非常に民主的な法律体系のために、緊急事態であっても個人の私権を過剰におかすことが少ない。しかし一方では、「自粛」という法律に基づかない要請であってもそれに従ったことから、諸外国に比べ従順な国民性が指摘されることもある。

経営学の大家とされるピーター・ドラッカーは、「(企業) 文化は戦略に勝る (Culture eats strategy for breakfast)」という有名な言葉を残している。

日本が今回この新型コロナウイルス対策において、クラスター対策という世界でも特殊な方法をとってきたことが指摘されている。私は感染症の専門医ではないのでこの方法の是非を議論するわけではない。しかし、中国や韓国などのように検査を多くし透明化を追求するという方向とはまた違う切り口であり、この方法を選んだ理由にやはり日本の文化的背景があると思われる。

それは良い悪いは抜きにして、やはりすべてを透明化しない暗黙的な文化と言えるであろう。通常の民主主義は透明性を重視する。その意味で日本の民主主義は少し特異なのかもしれない。

■情報の透明化

逆に、健康や医療の世界で、すべてをオープンにするというのはどういったことであろうか。二つ例を挙げてみたい。一つは、こんなことであろう。抗体検査によって新型コロナウイルスに感染したかどうかもわかり、その人が抗体を持っているかどうかがわかる。したがって、すべての国民に抗体検査を受けることを義務づけ、そして抗体を持っていない人には全員ワクチンの接種を義務づける。最近の言葉ではワクチンパスポートも同じで、ワクチンを接種していないと行動が制限される。さらに、抗体のない人は日常生活において、ウェアラブル端末などを使い、徹底的に管理していく。もちろん、これは極端で、管理の方法としては先ほどから述べているような、インセンティブをつける中国のようなやり方を取り入れることも可能であろう。

もう一つは、遺伝子情報を挙げておきたい。遺伝子異常には生まれつきの異常と後天的な異常がある。後天的な異常は、たとえばタバコなどをやめることによってある程度個人が管理することもできるが、先天的な異常はどうしようもない。たとえば遺伝性の乳がんなどがそれである。アメリカのように選択を重視する国民ではその判断を個人の選択に任せる。

アメリカの俳優であるアンジェリーナ・ジョリーが、自らの乳房と卵巣を予防的に摘出したのは、この異常に対する対策としての選択である。しかし、もし国が遺伝子情報をすべて入手していれば、たとえばアンジェリーナ・ジョリーが、生涯に乳がんなり卵巣がんを起こす確率が80％であるということも知ることができるのである。将来的には、いつがんになるかも予測できるであろう。このような方法は、個人に対する究極の管理とも言えるが、技術的には可能になっている。

■健康・医療を管理するとは

さて、個人から国の話に戻ろう。国が健康・医療を管理するということはどういうことだろうか。たとえば、芝麻信用のポイントに健康行動を加えたらどうだろうか。日本においても、一部の保険会社で検診結果や一日の歩数と言った健康行動をとることにより、保険料を安くするといった商品が売られるようになってきている。

ただこれは筆者の感覚では、あくまで個人の選択の範囲であり、いつのまにか個人が管理されているという中国のような世界ではないと思われる。しかしたとえば、芝麻信用のように日常生活に完全に浸透している仕組みに、健康行動が入れられたらどうだろうか。たとえば、毎朝30分太極拳をやることが芝麻信用の点数を上げるとか、無駄な医師受診をしないことが芝麻信用の点数を上げるといったことである。筆者は民主主義を愛する日本人の一人として、もちろん過剰な管理を好むものでもない。一方で、日本ではあまりこうした管理が行き届いていないのではないだろうか。

個人の話ではないが、2020年4月6日の『日本経済新聞』に、ようやく厚生労働省が全国の病院の医療体制の情報を集めるといった報道があった。[4] ことほどさように、日本はデータの共有化が遅れているので、これは有事のときに大きな問題になるのではなかろうか。

■有事と平時の管理と仕事の性質

ただし、ここに線引きが二つあると思われる。一つは有事と平時の線引き、もう一つはインフラ的に働く職業とそうでない職業の線引きであろう。

日本やアメリカのような民主主義国家では、平時において中国のようなすべてを管理する社会を好む人が少ないと思われるし、そのような体制をつくるべきでないと筆者は考える。しかし、有事においてはある程度平時から集めたデータが意味を成すことが多いので、その意味で日本の体制は変革が必要であろう。

さらに考えるべきは、インフラ的な仕事かそうでないかという切り口である。もちろんこれは厳密にどちらかに分類するのは難しい。多くの仕事がインフラ的な仕事であり、その意味で職業に貴賤はない。しかし、今回の新型コロナウイルスの感染は有事において活動を停止できないインフラ的な仕事と、そうでない仕事があることも改めて教えてくれた。また、コロナ対策の管理の仕方も、国によって違うといっても言い過ぎではないほど個性があった。

4 ヘルスケア分野を成長の鍵に

■コロナ禍をチャンスと捉える中国、キューバ

アメリカの新型コロナウイルスの感染者数は、2020年3月26日には中国を上回り、世界最多と

なった。あまり公にはなっていないが、中国の医療キャパシティから考えて、武漢などの感染がひどかったエリアでは、確実に医療崩壊が起き、多くの患者が死に至ったことは想像に難くない。都市封鎖や個人情報を政府がつかんで管理するなどして強引に感染を食い止めたかもしれないが、数カ月もたたないうちに、中国にある工場などが続々と稼働を再開したことから考えれば、中国において新型コロナ感染のピークを抑え込んだことは間違いないと考えている。

さらに、当時の中国は3月18日に、医師や医療機関が不足しているイタリアに医療支援のために医師団を派遣した。実は他にも同じような行動をとった国がある。それは、同じ社会主義国であるキューバである。具体的には、3月22日にはキューバの医師団がイタリア北部のロンバルディアの医療支援のために派遣された。

中国とキューバはどちらも社会主義国なので、「あー同じか」と考える人もいるであろう。しかしそうではない。ちなみに、キューバは感染者数57人、死者数1人である。そしてキューバの人口は世界銀行の2017年のデータで見ると1148万人である。

感染の根源地であると中国から遠いということもあって感染者数が少ないと思われ、中国のように強引に押さえ込んで感染を減らしているとも思えない。むしろキューバはそもそも人道支援として医療を輸出している国なのである。筆者もそのうちキューバの医療を視察したいと思いつつなかなか行くことができていないが、実はキューバは医療に関しては定評がある国なのである。

■キューバの医療

外務省のホームページでキューバの医療について見ると、次のように記載されている。

「1959年の革命以降、予防医療に積極的に取り組み、母子保健や高齢者事業およびワクチン接種による疾病予防を徹底し、乳幼児死亡率4・0、平均寿命78・45歳、医学校13、医師9万2084名（医師1人当たり住民122人）、歯科医師数1万8675名（歯科医師1人当たり住民602人）、病院150、ポリクリニック450、ファミリードクター診療所1万869、血液銀行29など中南米諸国のなかでは医療先進国に位置づけられます。しかしわれわれが満足する医療サービスを受けられるとは限りません。……外貨獲得のために医療団の海外派遣が増加しているため、国内は医師不足です。診療の際の説明は不十分なため、いたずらに不安があおられる場合もあります。医薬品は、ワクチンをはじめジェネリック薬品の独自の開発・生産を活発に行い、アフリカや中南米、アジアの途上国へ輸出しています[5]」

日本は、人口が約10倍であることを考えれば病院数は必ずしも多くはないが、医師が約30万人であることを思うと驚くべき医師の数である。そして、上記のように、キューバは中南米では相対的に医療レベルが高いので、周辺のさらに医療レベルが低い国に医療を輸出するという戦略をとっている国なのだ。

■中国の思惑

さて、ここで中国の動きの根本を考えてみよう。秦の始皇帝は不老不死を求め、世界各国を調査した。時代が変わり、中国に限らず現在では、多くの国において自国内で医療を完結させることは国民の夢であるし、国民皆保険がない国では、アメリカのように政策論争の中心になる。そんななかで、かつては最先端の医学の地であった中国では他国に医療を求めに行くという医療ツーリズムの患者送り出し国になってしまっている。自国で高度な医療を受けられないので多くの国民や富裕層が海外で医療を受けているのだ。

誇り高い中国にとって、これは屈辱であったに違いない。アメリカに負けまいと、ITで、特に5Gで世界を凌駕してきている中国にとって、次はヘルスケア分野であると考えるのは必然であろう。実際、中国にも新薬メーカーが生まれ、アリババヘルスケアやピンアンヘルスケアのようにIT医療を展開する会社が増えてきている。

その流れのなかで今回の新型コロナ禍をきっかけにし、中国の医療を世界にアピールし、医療を使って覇権を握ろうという動きに出るのは想像に難くない。それが今回の動きであろう。

中国のような社会主義国が強引に抑え込めば感染者数を抑えることは可能である。具体的に言えば武漢などの都市の閉鎖である。もちろん感染者数を抑え込むことでイタリアのような医療崩壊を起こさないことができるが、やはり感染者数はその国の医療レベルとは必ずしも関係ないと考えた方が正しかろう。

■日本の立ち位置

さて、日本は、民主主義国の先進国が次々に医療崩壊を起こしていくなかで、数少ない医療崩壊を起こしていない国と言っても言い過ぎではない。また、人口当たりの死亡者数も圧倒的に少ない。

筆者も拙著ですでに述べたように[6]、日本の医療は世界一と言ってもいい。実は、安倍政権において日本の優れた医療を海外に輸出していこうというアウトバウンド戦略がとられていた。しかしながら、この戦略はあまり有効であったとは言えない。その理由は、社会保障の一環として医療制度がつくられている日本では、医療を海外にプッシュするような意識が医師側になかったからだと考えられる（このあたりの議論は拙著で詳述したので、関心のある方はぜひ参照してほしい[7]）。

しかし、今回の新型コロナ禍で日本の医療ブランドが高まれば、話が違う。今でも高齢者医療や介護などでときどき見られる医療ツーリズムで、個別の患者の治療だけではなく、諸外国、特に新興国が優れた医療制度を求めて日本を訪れるかもしれない。すでにワクチンツーリズムといった言葉も生まれている。そうなれば、プッシュ戦略が下手な日本であっても、日本の医療のアウトバウンド戦略を行うことができるかもしれない。

現在、日本が世界に誇ることができる分野は限られてきており、ヘルスケアや医療はその数少ないうちの一つである。その意味でも、日本では絶対に医療崩壊を起こしてはならないと、筆者は強く思う。

注

1 Hardin (1968).

2 真野（２００６ａ）、１９５頁。

3 厚生労働省「平成28年度　国民医療費の概況」(https://www.mhlw.go.jp/toukei/saikin/hw/k-iryohi/16/index.html)。

4 「政府、８０００病院一元把握　医療崩壊防止へ自治体に情報」『日本経済新聞』２０２０年４月６日付 (https://www.nikkei.com/article/DGXMZO57687690V00C20A4MM8000)。

5 外務省「世界の医療事情　キューバ」(https://www.mofa.go.jp/mofaj/toko/medi/cs_ame/cuba.html)。

6 真野（２０１７ｂ）。

7 真野（２０１８ａ）。

第2章 医療保険財政の危機

1 コロナ禍と財政問題

■コロナ禍と財政

コロナ禍において世界各国の財政・金融事情は異常な状況である。通常、経済を刺激するには三つの方法がある。一つめは金融政策、二つめは財政政策、三つめは成長戦略である。これはまさに、「アベノミクス」で言われた当初の「三本の矢」に当たる。三つめの成長戦略について、政策的に行えることは規制改革が中心であり、それによってその国の企業などが成功することにより、その国も豊かになっていくといったストーリーになる。

医療従事者にとっては、一つめの金融政策や二つめの財政政策は、少し馴染みが薄いかもしれない。ただ、財政政策は公共事業などが中心であるが、他にも補助金政策が含まれるし、広い意味では診療報酬も含まれる。こう考えれば、医療従事者にとってもわかりやすいかもしれない。

最もわかりにくいのは金融政策であろう。金融政策の目的は、その国の経済成長を目的とするよりも、その国の経済の安定や貨幣の価値の安定を目的にすることが多い。

そのため、アメリカの中央銀行である連邦準備制度理事会（ＦＲＢ）も日本の中央銀行である日本銀行も、政策あるいは政治の現場からの独立性が求められることが多い。これは、政策がどうしてもその国をすぐに豊かにすること、目先の成長を促すことにフォーカスするなど、短期的な視野に立ちがちなことに対し、少し歯止めをかける意味もある。本書の主眼は経済政策を論じることではないので詳しいことは省略するが、アベノミクスにおいて金融緩和が常態化することで、かなり日本の経済成長を促進した面がある。

少し復習になる方もいるだろうが、金融緩和とは、簡単に言えば、「世の中に出回るお金を増やして、景気を良くしようとすること」である。日本銀行が民間の銀行を通してたくさんのお金を出回らせることで、会社や個人がお金を銀行から借りやすくする。それによって、さらに多くのお金が循環することになり景気が良くなるという仕組みである。具体的には、貸出金利を引き下げる方法や、「量的緩和」と呼ばれる方法がある。後者は、たとえば日銀が銀行から国債などの資産を買い取ることである。買い入れ対象資産を株式などに拡大する「質的緩和」も行われており、その分、銀行は貸し出しに回すお金を増やすことができる。なお、アベノミクスではマイナス金利というよりも量的緩和、質的緩和にフォーカスが置かれた。

２００８年９月に起きたリーマンショックの後に中国などが大規模な財政出動を行い、それに引き続いて2014年10月から金融緩和も行った。それらの結果、2015年のチャイナショックなどによる揺り戻しはあったが、おおむねリーマンショック以降は中国の経済成長と世界のグローバル化がリンクするような形で経済の復興が見られてきたのである。

さて、そこで今回のコロナ禍である。図2-1に示すように、世界経済はリーマンショック以上の打撃を受けている。そのため、世界中の国々がリーマンショックのとき以上の規模の金融政策、財政政策を行って世界経済を回復させようとしている。日本は感染者数・死亡者数ともに先進国のなかでは少ないためか、経済へのダメージも比較的少ない。しかし、だからといって安心できる状況にはない。日本の場合、アベノミクスによりすでに金融政策や財政政策をかなりの規模で行っており、従来から財政赤字の金額も大きいからである。ここで、最初に日本の現状を簡単におさらいしておこう。

図2-1　主要国の実質GDP成長率の比較
(2020年4～6月期)

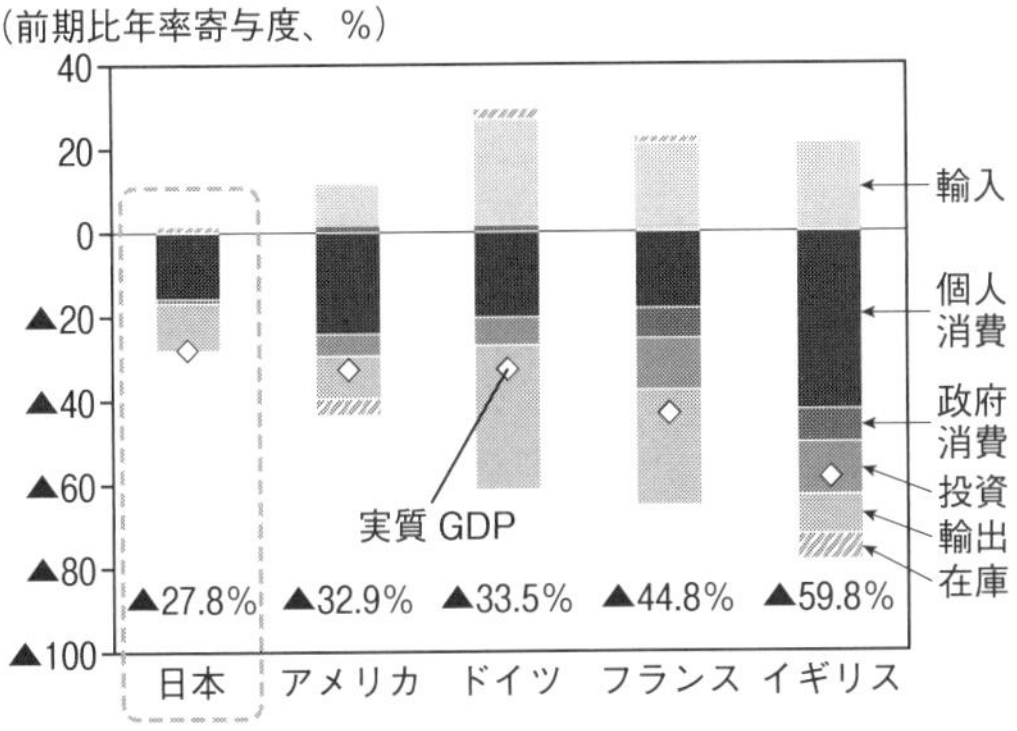

(出所) 内閣府「月例経済報告等に関する閣僚会議資料」2020年8月27日。

■日本の高齢化

総人口に占める65歳以上の人の割合が21%を超えると、国際連合が定義する「超高齢社会」となる。日本

図2-2　日本の人口ピラミッドの変遷

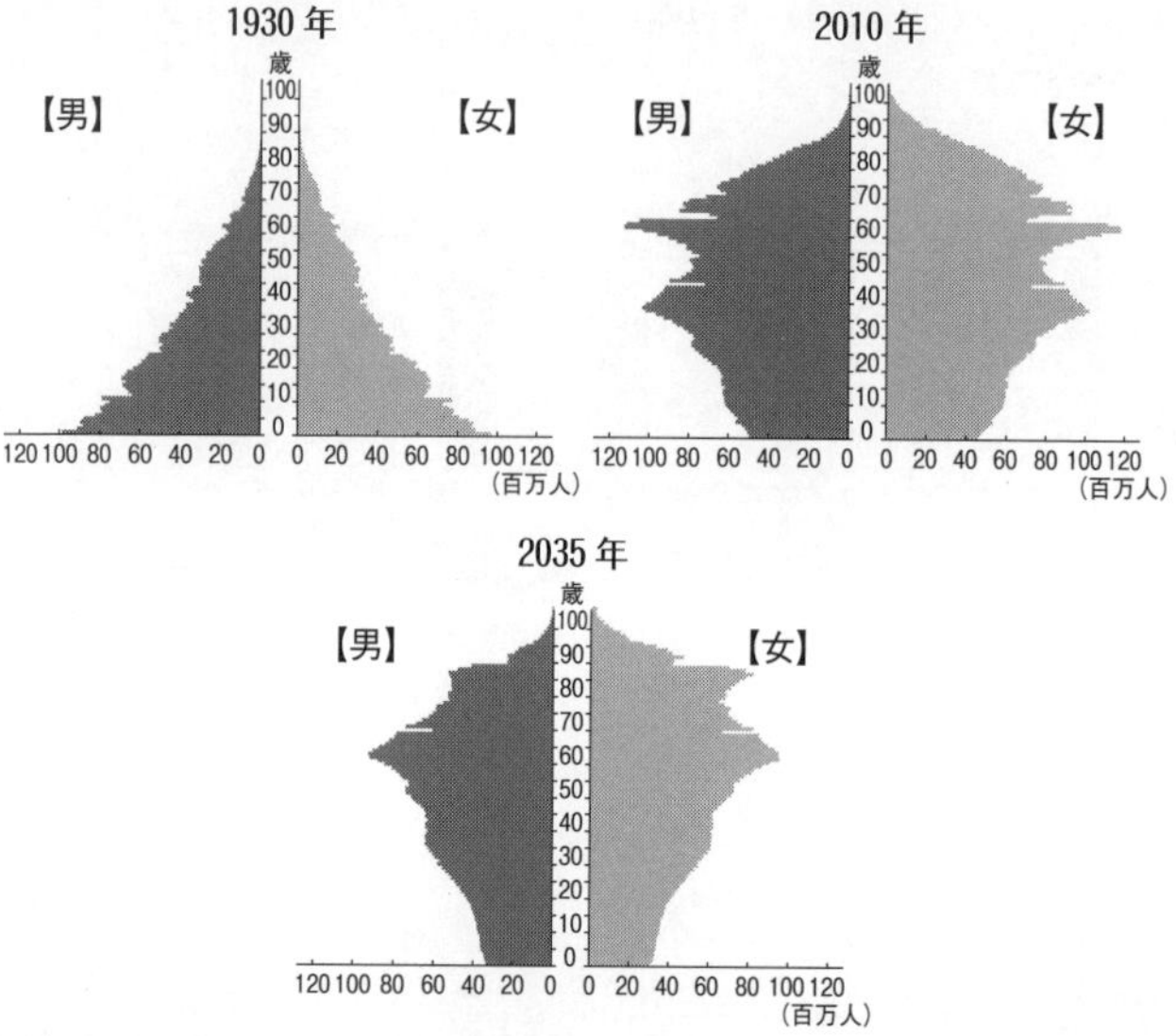

（出所）国立社会保障・人口問題研究所ホームページ（http://www.ipss.go.jp/）。

は２０１０年に超高齢社会に突入した。日本の高齢化率をみていくと、１９５０年には４・９％であったが、１９７０に７％を超えて「高齢化社会」になった。また、１９９４年に高齢化率が14％を超えて「高齢社会」になり、２０１０年には22・５％となり、「超高齢社会」となった。この高齢化のスピードは世界一である。人口ピラミッドの日本における変遷を図２-２に示すが、かつて（１９３０年）は本当にピラミッドの形であったのだ。ちなみに、全世界の人口ピラミッドはまだピラミッドの形をしている。

　厚生労働省「平成23年版　高齢社会白書」によれば、65歳以上の高齢者人口が２９５８万人となり、男性の高齢者は男性人口の20・３％である。すなわち、男性の５人に１人が高齢者ということである。女性の高齢者は女性人口の25・8％、女性の4人に1人となっている。総人口に対する高齢者の割合も23・1％となった。さらには総人口も減少を始め、2008年12月に1億2809万9000人を境に、超高齢社会と同時に人口減少社会に突入した。

2015年の総務省統計局「国勢調査」の人口速報集計結果によれば、日本の人口が1920年の「国勢調査」開始以来、初めての減少となった。人口はその前の国勢調査があった2010年と比較して94万7000人減少（0・7％減）し、1億2711万人となった。人口を男女別にみると、男性は6182万9000人、女性は6528万1000人となり、女性が男性より345万2000人多い。なお、世界における日本の人口は10位である。世界の人口上位20カ国で見ると、2010年～2015年で人口成長率がマイナスだったのは日本のみだった。ここが大きな問題であり、次頁の図2-3に示すように、人口が減り、税金や保険料を支払う人が減るので、若い人が支える子どもや高齢者が増える。また、そもそも働き手が減っていく。

■財政問題

高齢化に加えて、財政破綻を懸念する議論がなされている。国の債務が非常に大きいという問題である。「プライマリー・バランス（基礎的財政収支）」という言葉を聞いたことがある人もいるのではないか。プライマリー・バランスとは、公債などの借入を除いた税収などによる歳入と、借入に対する元利払いを除いた歳出の収支のバランスのことをいう。つまり、プライマリー・バランスは、現世代の負担と受益が均衡していることを示す指標である。企業の財務諸表にたとえれば損益計算書（P

／L）にあたるものを均衡させようということである。[1]

プライマリー・バランスが均衡することは、国債発行残高の増加を止めるための重要な条件になる。プライマリー・バランスの赤字が続いている限り、それを埋めるために国債発行残高は増加せざるをえないからである。なお、図2-4（50-51頁）に、現在の財政収支と債務残高を示した。また、嫌な図ばかりで恐縮だが、図2-5（52-53頁）に示すように、すでに医療費は、社会保険料だけではカバーできなくなっており、公費（税金）が投入されている。さらに、その税金は政府の借金である国債で賄われているという現状がある。

人口構造の変化

(b) 70歳以上を高齢者とした場合

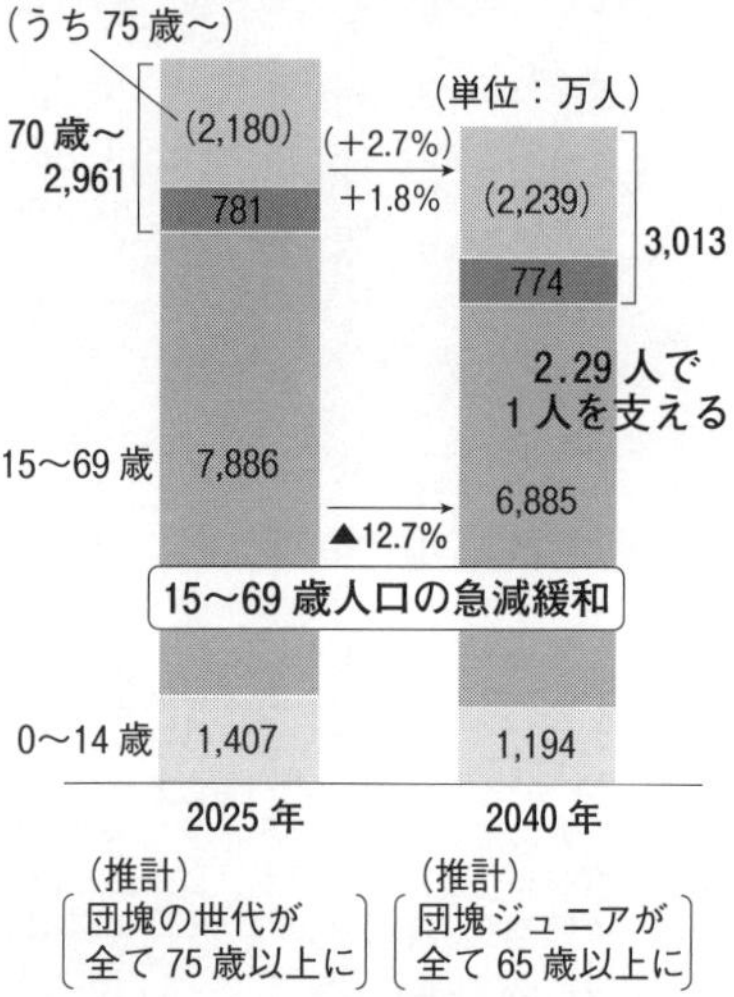

立社会保障・人口問題研究所「日本の将来

■ **企業負担の問題**

医療費は、社会保険料、税金、自己負担で賄われる。そして多くの国では、社会保険料は労使折半になっている。すなわち、企業など雇用者側の負担があるのである。アメリカのような民間医療保険でも同じ論理は適用されていて、特に古くからの大企業では、医療保険料を100%企業負担にしている会社もあった。かつてはドイツでも問題になったが、

図2-3　2040年までの

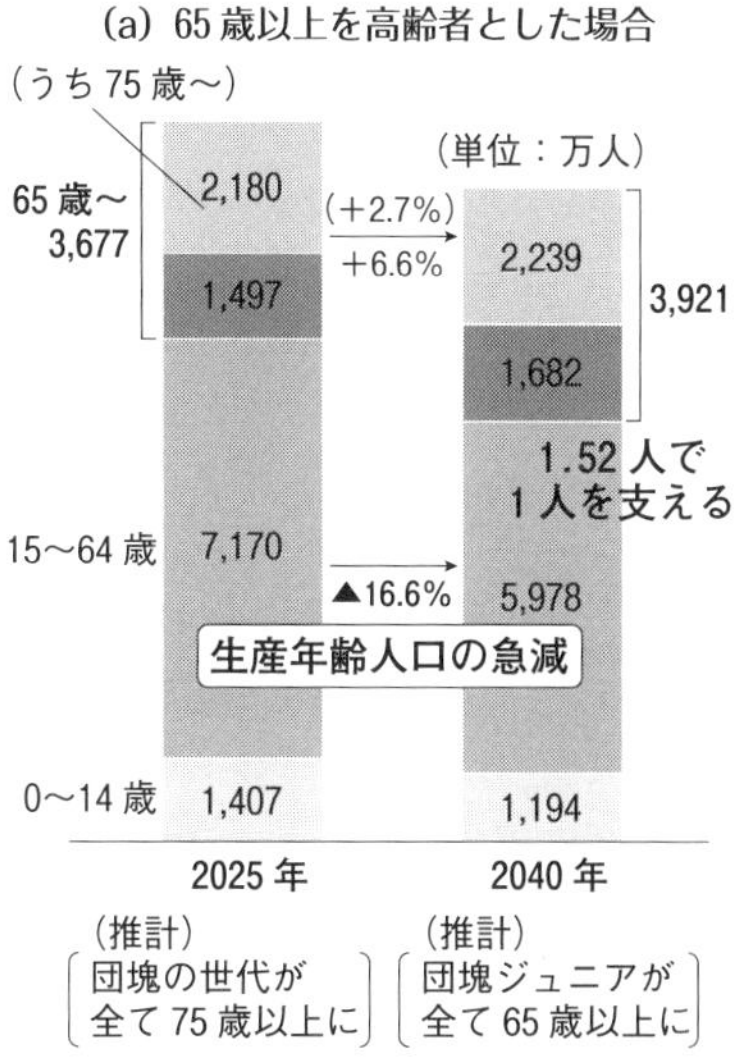

（出所）総務省「国勢調査」「人口推計」、国推計人口　平成29年推計」。

いまこの問題で最も揉めているのはなんといってもアメリカである。つまり、この医療費負担が大きくなりすぎて、企業の経営を圧迫するという驚くべき話があったのだ。たとえば、自動車会社であるゼネラルモーターズ（GM）の鉄の購入量よりも、コカ・コーラ社のコーラの原料を購入する金額よりも、GMやコカ・コーラ社が支払っている医療費の額の方が大きかった。

「このような費用が企業の競争力を削いでしまう」という見方は、日本においても根強い。保険料ではないが、実際にアベノミクスでもトランプ政権でも法人税の減税が行われた。これらを背景にして、コロナ禍では何が起こったのであろうか。

■コロナ禍での財政による対策

コロナ禍における財政政策の詳細に関しては、今後また変化があるかもしれないので、詳しい内容は速報性のあるネットなどのメディアにゆずるが、図2-6（55頁）に示すように巨大な財政政策を行ってしまったことは間違いない。

もちろん、1カ国だけでこのようなことをすれば、その国の信頼は失われることになる。たとえば、円への信頼が失われて、急速な円安になり、場合によってはハイパーインフレなどを引き起こす可能性もある。しかし、今回は世界中の国々で金融緩和が行われているので、極論すれば世界中の金融市場の信用が失われたとも言えるだろう。

そのため、円だけが暴落するといった極端な事態には陥っていない。しかしそれでよいのかという議論はある。筆者はマクロ経済が専門でないのでこの点は詳細を省くが、金、あるいは仮想通貨のビットコインなどといった、国の信用のもとで発行される通貨以外の代替物が価値を増し、価格が高騰するような事態も起きている。

の国際比較（対 GDP 比）

(b) 債務残高(対 GDP 比)の国際比較

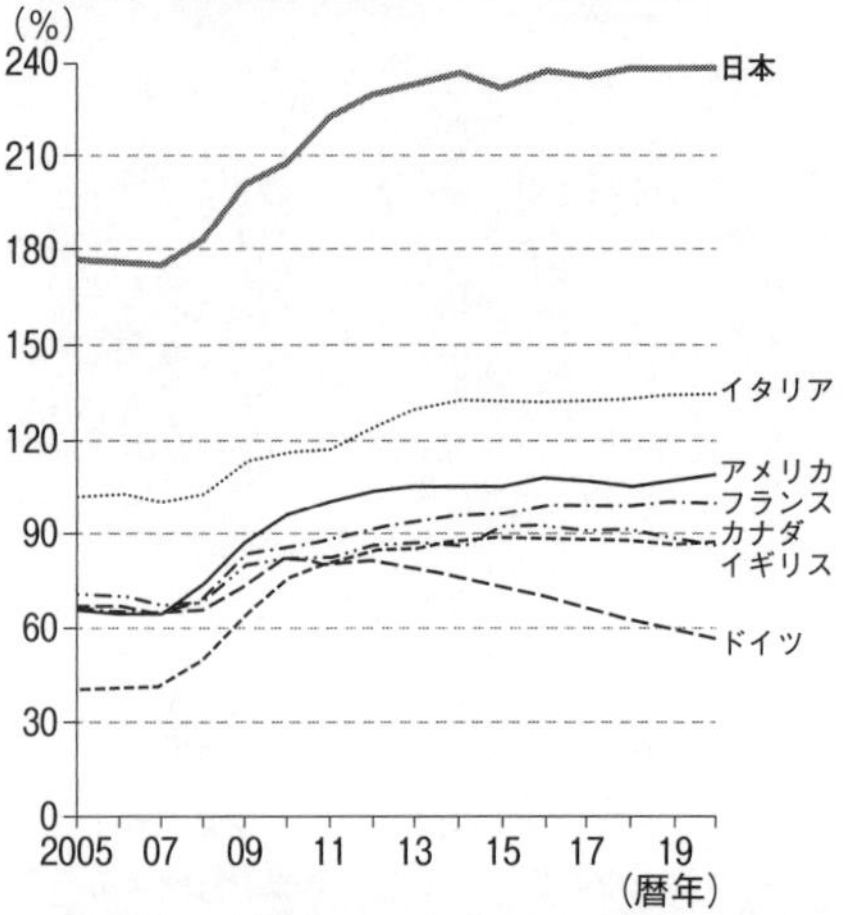

（注）数値は一般政府（中央政府、地方政府、社会保障基金を合わせたもの）ベース。また、IMF, *World Economic Outlook* による2019年10月時点のデータを用いており、2020年度予算（政府案）の内容を反映しているものではない。日本は2018年から、それ以外の国々は2019年からが推計値。

（出所）IMF, *World Economic Outlook*（2019年10月）.

■マクロの財政政策と社会保障の関連

社会保障分野も例外ではないかもしれない。特に日本の社会保障分野のうち、医療費はその4割を税金に頼ってい

図2-4　財政収支・債務残高

(a) 財政収支(対GDP比)の国際比較

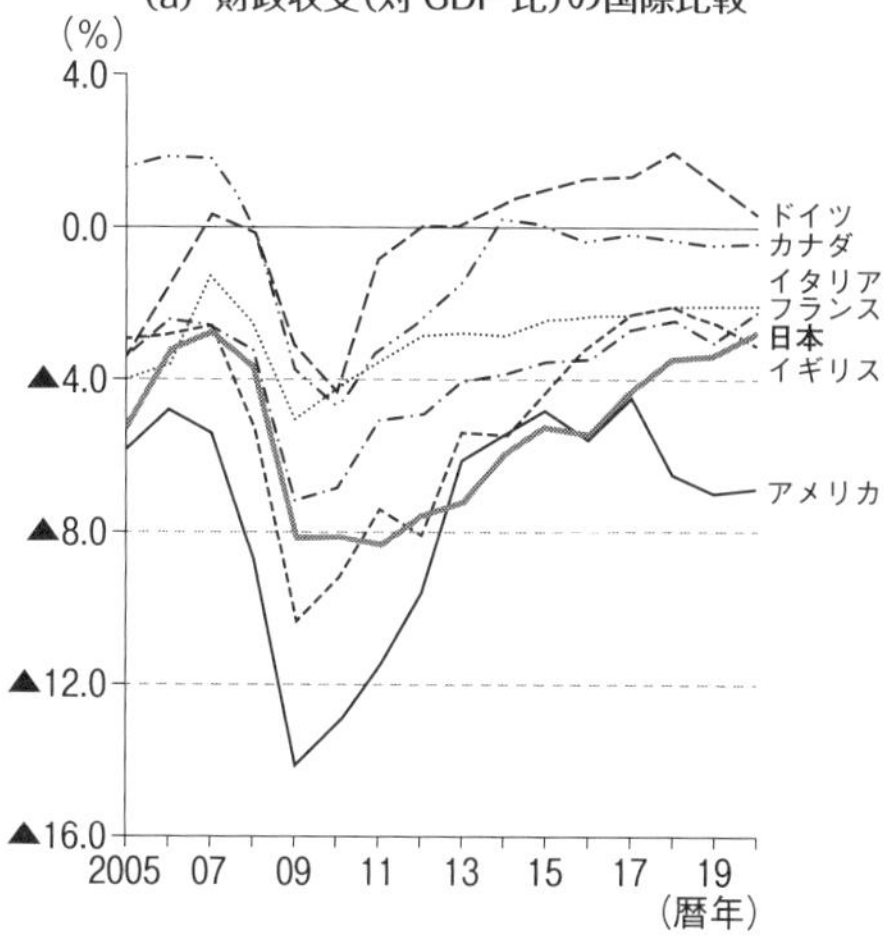

（注）　数値は一般政府（中央政府、地方政府、社会保障基金を合わせたもの）ベース。ただし、日本およびアメリカは社会保障基金を除いた値。また日本は、単年度限りの特殊要因を除いた値。日本は2018年から、それ以外の国々は2019年からが推計値。
（出所）OECD, *Economic Outlook*（2019年11月）.

る。この「税金に頼っている部分の赤字が膨大に膨れ上がった」というのが今回のコロナ禍であり、今後の対応は非常に難しい。もちろん税金を上げるという方策もあるが、通常税金を上げれば景気に対してはマイナスになるので、コロナ禍からのリカバリーという文脈では、すぐにこれを行うのは難しいであろう。そうなると、歳出削減の方に舵が切られる可能性が高い。

終章でも詳しく述べるが、そのなかで株式市場においては世界の未来を先取りするような動きも起きているのかもしれない。ただ、このような変化には痛みが伴う。日本でもデジタル化が叫ばれ、身近なところでは、行政が改革のために「はんこ」をやめると宣言したが、これとてはんこ業者にとっては大きな痛みを伴う。

そのように考えれば、医療や介護といったサービスは絶対に必要なものだし、薬剤も絶対に必要なものであることは論をまたない。しかし一方では、そういった必須のサービスの提供の形を変え、より効率化の方向へ舵を切ることへの圧迫感が強まることが予想される。

■ＭＭＴ理論

そんななかで、簡単に言えば、財政赤字や政府債務を問題としない議論である「ＭＭＴ」が話題になっている。ＭＭＴとは「Modern Money Theory（現代貨幣理論）」の略である。なぜこのように呼ばれるかというと、「現代における貨幣の成り立ちを検討したうえで、現実経済の動きや経済政策のあり方に分析を行う理論」であるからである。ＭＭＴの提唱者はアメリカの経済学者ステファニー・ケルトンである。

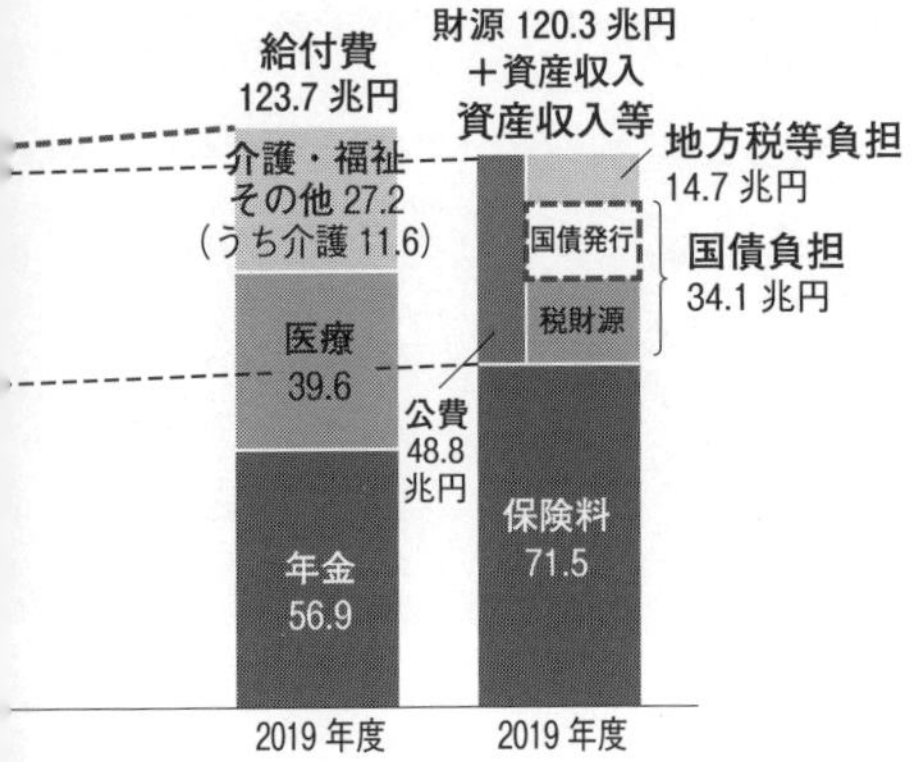

社会保障費用統計」、2019年度の値は厚生労

特に日本で話題になっているのは、そのケルトンが、日本がＭＭＴのよい事例だと指摘したことによる。もちろん日本では、ＭＭＴを行っているという意識がないし、少なくともそのような見解ではない。ＭＭＴは、金融政策以上に財政政策を中心に行うべきだという理論である。そして、そうすれば財政の赤字が当然増えていくが、その部分に関しては、日本、アメリカのように主権通貨、つまり統治権を持つ国家が独自に定めた通貨においては、自国通貨建ての債務は返済不能には

図２－５　医療費の増加

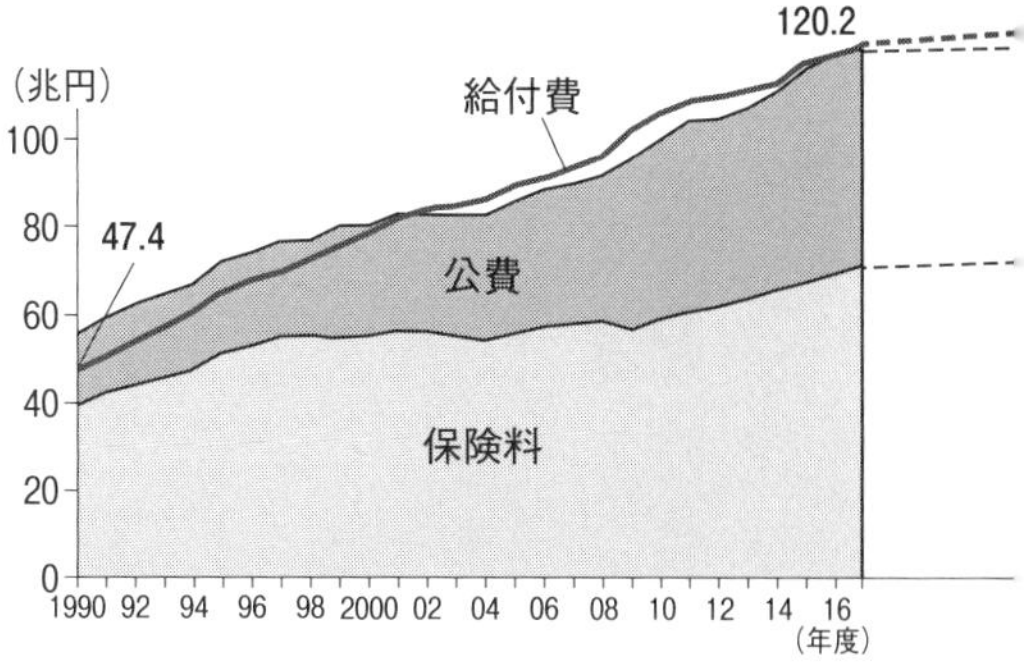

（注）カッコ内は全体の財源に占める割合。
（出所）国立社会保障・人口問題研究所「平成29年度
働省（当初予算ベース）。

ならないという考え方である。

　もちろん、無限に通貨を発行していけば、インフレになる可能性が高まるが、ＭＭＴではその場合は増税などの手段を用いてインフレを押さえ込めばよいと主張する。さらに言えば、インフレもデフレも過剰にならないような状態を維持させるための調整が重要であって、税金もその方法の１つだと位置づけられる。また、規制を緩和することで価格が下がるためにインフレを抑えることができるという考えも持っているようだ。

　通常の経済学とはかなり異なった主張ではあるが、後述するようにコロナ禍において、各国の債務が異常に膨張した状況において、こうした議論もふまえた論争がさらに激しくなることは間違いないだろう。以下、本章では最初に医療に関係する財政の仕組みを順に解説したうえで、コロナ禍における医療保険財政の現状を見ていきたい。

2　医療費と医療保険の問題

■国民医療費とは

「国民医療費」とは、当該年度内の医療機関等における傷病の治療に要する費用を足し合わせたものになる。何が国民医療費に含まれ、何が含まれないのかも重要である。この国民医療費という統計には、①正常な妊娠や分娩等に要する費用、②健康の維持・増進を目的とした健康診断・予防接種等に要する費用、③固定した身体障害のために必要とする義眼や義肢等の費用、などは含まれない。これらは、「正常」あるいは「健康」であったり「予防」であったりするので医療ではないというのが、この統計における考え方になる。

この統計は図2-7（56頁）に示すような対GDP（国内総生産）比の医療費として、OECD（経済協力開発機構）の比較に組み入れられている数字とは、かなり異なる。これは、OECDの方が、アメリカのNational Health Expenditures（NHE：米国総医療支出）のように、医療の範囲を広く捉えているからである。具体的には、アメリカのNHEの場合には、日本の国民医療費に含まれない保健や予防、介護支出のかなりの部分、訪問看護、老人保健施設といった介護サービスの一部、公的保健サービスの項目が含まれている。まずは医療費を詳しく見ていきたい。

図2-6　日本の財政支出と税収

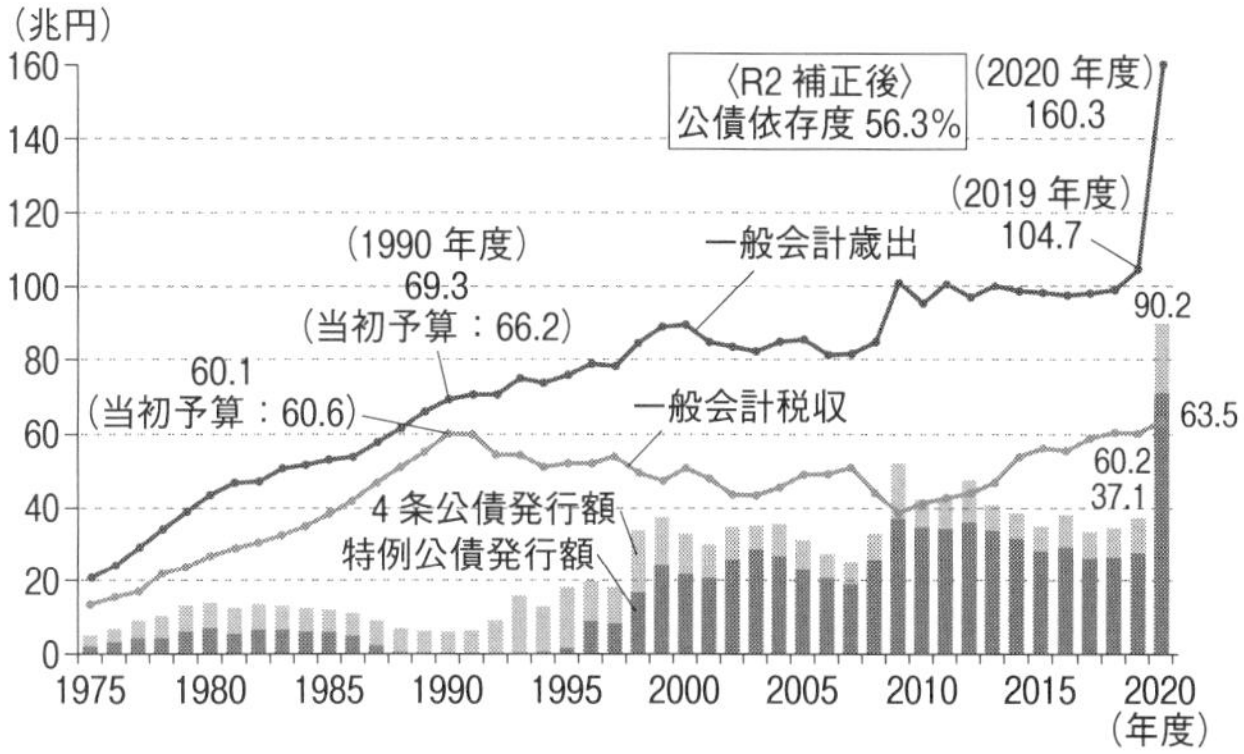

（注）2018年度までは決算、2019年度は補正後予算、2020年度は第２次補正予算案による。公債発行額は、1990年度は湾岸地域における平和回復活動を支援する財源を調達するための臨時特別公債、1994～1996年度は消費税率３％から５％への引上げに先行して行った減税による租税収入の減少を補うための減税特例公債、2011年度は東日本大震災からの復興のために実施する施策の財源を調達するための復興債、2012年度および2013年度は基礎年金国庫負担２分の１を実現する財源を調達するための年金特例公債を除いている。2019年度および2020年度の計数は、臨時・特別の措置に係る計数を含んだもの。

（出所）財務省資料。

■医療費評価の指標

そもそも価格や費用が高いか低いかを考える視点には、相対的な比較によるものと絶対的な理論上のものがある。まず、絶対的な医療費を考える指標については、残念ながら適当な指標がない。医療従事者と患者の情報の非対称性や、医療の不確実性のために、医療は他の商品やサービスとは違い、医療の質や原価について、きわめて評価をしにくい。したがって、絶対的な指標はつくりにくい。この点は診療報酬の公定化という問題にも関わってくるので、この後でも触れる。

さらに言えば、医療の場合には倫理的な問題も絡んでくる。この

図2-7　OECDによる医療費対GDP比：2018年（あるいは直近年）

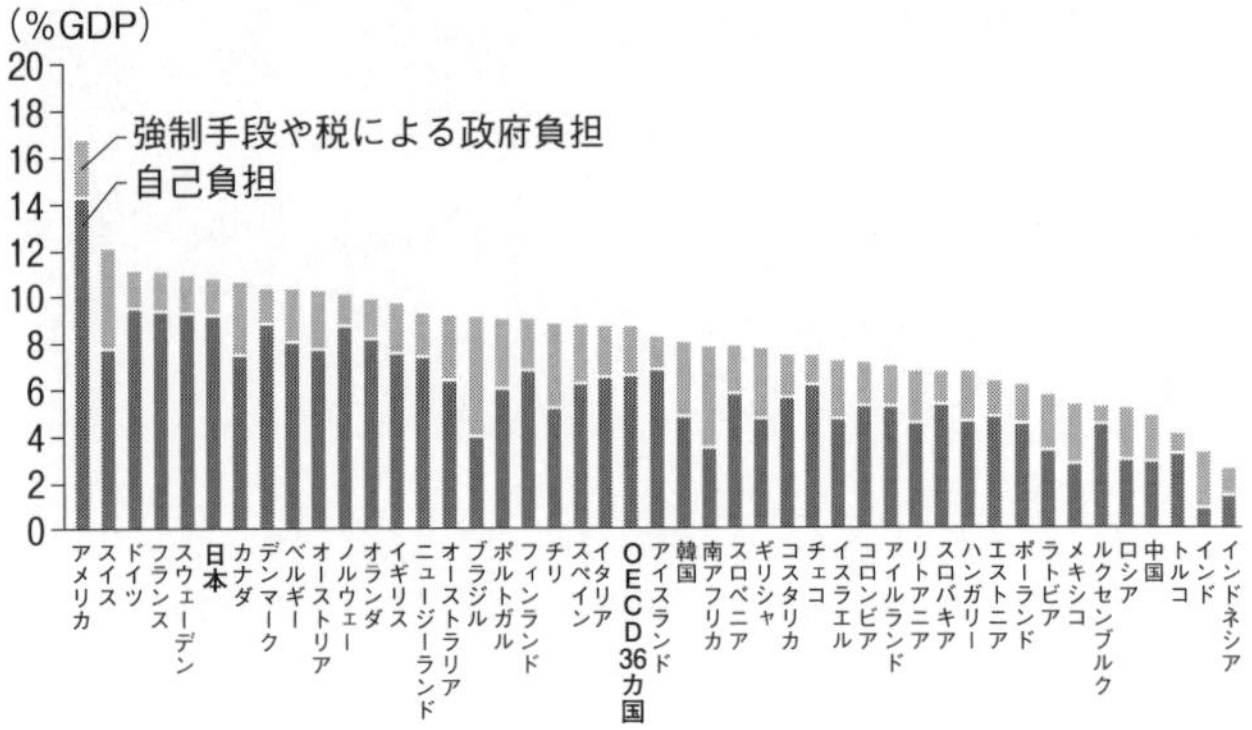

（出所）OECD Health Statistics 2019, WHO Global Health Expenditure Database（https://doi.org/10.1787/888934016816）.

ことは、「生命を維持するための費用を価格で換算することは不可能だ」という見方と、「そうは言っても公的な費用（社会保険料や税金）で補うべき範囲は、金銭面での支払い範囲決めも必要だ」という見方との間での論争につながる。

とはいえ、ここで倫理を持ち出しはしたが、経済学で考えるときには、「命は非常に尊いものだ」といった道徳的な議論ではなく、その倫理を守るための監視体制を問題にする。今様の言葉でいえば、「ガバナンス」ということになろうか。次に、医療費を比べる現実的な方法として、医療費の国際比較について考えてみよう。

■医療費の国際比較

国の経済力を表す指標で一番有名なのは、GDPだが、似た言葉にGNP（国民総生産）がある。GDPは当該年度の国内での生産を示すものなので、国内で生産されたものはすべてカウントする。一方GNPには、外国人が国内で生産したものは含まれない。最近ではGD

Pを指標として使用するのが標準的である。
図2-8に2019年の主要先進国のGDPの国際比較を示した。日本はまだまだ、高い経済力を持っていることがわかる。もう一つ、気をつけてほしいのは、先に図2-7に示したように、一人当たりGDPが高い国には、小さい国であっても社会保障にお金をかけている国が多い点があることだ。医療の相対的な指標が対GDP比の医療費になる。医療サービスは国内で消費されるので、GNPより国内の指標であるGDP比の方が意味がある。

次に一人ひとりが使う医療費について考えてみよう。ミクロの視点なので、われわれ個人にとってはこちらの方が重要とも言えるかもしれない。しかし、これは物価の問題などが関連するので（経済力の高い国では物価も高い）、対GDP比の医療費と同じように単純に国際比較することはできない。そのため、購買力で換算して比較する。こちらを見ても、対GDP比で見た医療費と同様にアメリカが1位であることに変わりはない。

図2-8　名目GDPの国際比較

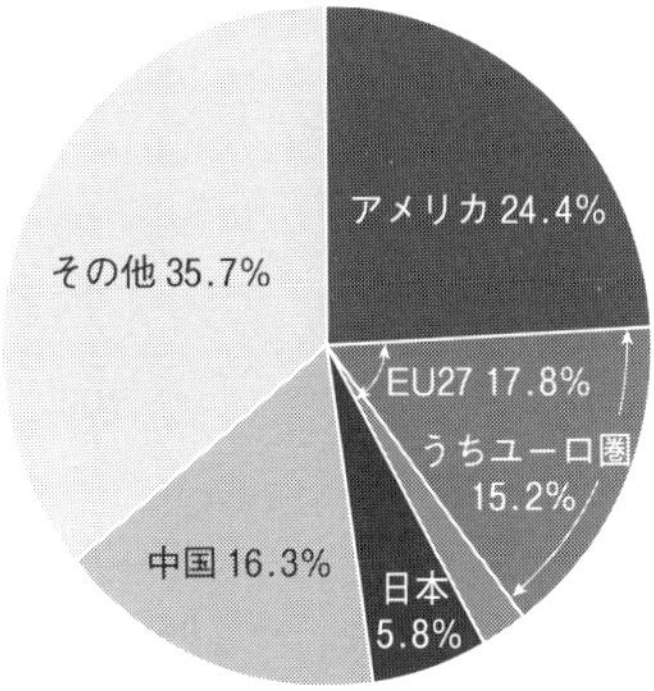

（注）世界銀行、World Development Indicators（WDI）、2020年12月16日より。GDP構成比は外務省国際経済課が産出。アジアは外務省ホームページに掲載している国・地域の合計（北朝鮮、台湾を除く）。中南米はWDIに掲載されている国・地域の合計。
（出所）外務省。

■医療費が高いと何が問題か

ここで、医療費の金額がどのように費用あるいは負担となるのか、ということを考えてみる必要がある。経済学では、お金を払って何かを購入する行為は、プラスの効用（満足度）があると考える。たとえば、お金を払ってブランド品を買えばうれしいわけで、そのときに消費者の効用が増加すると考える。ただ、健康を維持するために払うお金や、病気を治して健康になるために払うお金に対する見方は、いろいろありえるのではないか。

従来は、健康状態を保つことが、いわば空気を吸うように当たり前にできることとして認識されてきた。この状況では、医療は目的を達成するための「手段財」のままで、医療サービスを消費しても、直接にはプラスの効用は発生しない。あくまで、健康の維持や病気が治ることで効用が生まれるために、自然に健康が保たれるのであれば、健康を保つことに対して、積極的に消費しようとしなかった。

しかし、コロナ禍で変化が起きた。国民が感染リスクと、通院リスクを比較するようになったのである。言い換えれば、今まで何かあれば医療機関に行く、という行動をとっていた国民が、医療機関へ行くことのマイナスの効用（リスク）とプラスの効用を比較したということである。コロナ禍の生活習慣病の患者で言えば、現在の感染リスクと、通院して将来起きうる合併症を防ぐことを比較したわけである。

別の例で言えば、少し前までは水にお金を出して買うなどという行動をとる人はいなかった。しかし、現在の日本人にはお金を出して水を買っている人も多くいる。同じ水でも、ペットボトルの水にプラスの効用があるのである。詳しくは後述するが、このような意識変化がコロナ禍によって起きるかもしれない。

■医療サービスをコントロールする難しさ

同じ社会保障といっても、医療や福祉（介護）と年金との間には大きな違いがある。それは年金とは、行政から見ればお金の給付であるのに対し（現金給付）、医療や介護の場合は受給者にお金を渡したとしても、その人が受けたいサービスがなければ、「絵に描いた餅」になってしまう点である。そこで、後者は現物給付という形で、現金の授受が極力抑えられている。

日本においては、2000年に創設された介護保険制度をイメージするとわかりやすい。要介護認定者数は年々増加し、制度発足時の218万人から、2019年3月末時点では659万人まで増加している。[2] したがって、非常に多くの人々にさまざまな介護サービスの需要があり、それを提供する組織が必要であるということになる。このこと自体は、何も問題ないのではないかと思われるかもしれない。

しかし行政の立場で言えば、一度できたサービスや組織をやめさせることはとても難しい。問題は次の二つである。一つめは、仮に明日から政府の方針が変わったとしてもすでに多くの組織が成立し、そこからのサービスに依存している人々にとっては、大きな変化を強いられることである。二つめは、そこで働いて得た収入で生計を立てている人々が多い場合には、さらに大きな社会問題ともなりえる点である。政府が「はんこをやめる」ことを決めたら、はんこ業者が倒産するか業態を変更するしかないのと同じ構造である。

3 医療費増加の要因

■医療費の増加

経時的に見ると、わが国の医療費は激しく増加しており、近年は毎年約1兆円ずつ増え続けている。2000年4月から介護保険制度が施行されたことに伴い、それまで国民医療費の範囲に含まれていた費用のうち、介護サービスについては介護保険の費用に移行したことが影響して少し減少した年があったり（これらは2000年以降、国民医療費に含まれていない）、さまざまな医療費抑制策がとられたことで増加が抑えられている年もあったりするが、増加し続けていることは間違いない。なぜ、医療費は増え続けているのだろうか。以下では、その原因について見ていこう。なお、医療費の増加要因は次のように分けられる。

医療費の増加＝①医療需要の増加 ×②技術進歩による増加 ×③技術の普及などによる増加

■医療費増加の原因①：高齢者の増加がすべてではない

すでに述べたように、日本は高齢化の速度が速く、世界一の高齢国になった。医療関係者にとって、高齢化は最も身近で重要な問題である。日本の全国民の年齢の中央値は、2020年現在で48・

4歳である一方、世界では30・9歳である。この数字の違いだけでも驚きだが、日本は2050年には53・2歳まで上昇し、世界最高を維持すると予測されているからさらに驚きである。

高齢者は若者よりも医療費がかかるので、厚生労働省は高齢者が多いとより多くの医療費が必要となるとしている。データを見ると、医療費の増加の要因は、医療費を相対的に若者の3〜5倍使う高齢者の増加にあるというイメージは強い。それは正しいが、高額な薬剤の発展、医療技術の進歩も重要な要因である。

ただし日本では、診療報酬によって、医療に関連するさまざまな価格が公定になっているので、技術進歩に必要とされる費用が価格に反映されていない可能性がある。この一つの傍証としては、日本国内の医療機器会社や製薬会社のなかで新製品や新薬の開発力がある会社は、主にアメリカで利益を上げているという事実がある。この点について、アメリカ前大統領のトランプは、日本などの諸外国がアメリカの医療費支出にただ乗りをしているという批判をしたことがある。そこで、次に技術進歩と医療費の関係について詳しく見ていこう。

■医療費増加の原因②：技術の進歩

技術の進歩は費用に跳ね返ってくる。再生医療などを考えればわかるが、通常の医療の新技術はそれまで不可能だったことを可能にするので、一般にはその分だけ医療費が増加する。この点が、医療技術の進歩を医療費増加原因の大きなものとして考える理由である。しかし実は、ここが医療を産業として考える場合に非常に重要な点なのだが、医療技術は医療費を押し上げるものばかりではない。

アメリカの医師であったルイス・トマスの「医療技術の三段階発展論」では、医療技術ないし医療サービスは、次の三段階をたどって進化するとされる。

①非技術（nontechnology）：科学・技術という性格が相対的に薄い、看護・介護・励ましといった支援的ケアのレベル。

②途上的技術（halfway technology）：疾病の発生機序は解明されていないが、対処療法的に行われる治療、延命のための技術。

③純粋技術（genuine technology）：疾病の発生機序の解明に立ったうえで、それを根治する技術。

このプロセスで、医療費は「非技術」から「途上的技術」に移行するときに一度大きく増加し、高額化する。なぜなら、「非技術」とは比較にならないほどの集中的な資源の投入を「途上的技術」が必要とするからである。さらに研究開発が進んで「純粋技術」の段階に達すると、疾病の発生メカニズムが解明され、それに対応する効果的な治療法も開発される。その結果、予防や治癒が容易になされるようになるため、治療に投入すべきコストはむしろ減少する。

一方で、このような先進技術が単に患者を生きながらえさせるだけで、病気の改善に役立っていないことが多いという批判もある。したがって、今後はＱＯＬ（Quality of Life）の改善という視点が重要になる。

別の解釈としては、次のようなものがある。ＣＴ、ＭＲＩ、最近ではＰＥＴ（陽電子放出断層撮影）のような、医療費を増加させる技術進歩を「Big Ticket 技術」といい、血液自動分析装置のような、日々のこまごました診療で使う医療技術にかかる費用を減少させる技術進歩を「Little Ticket 技術」という。

川上武は、自身の著書において「医療技術革新」の歴史的な流れをふまえ、彼の言う第一次・第二次・第三次の医療技術改革と医療費の関係を述べている[3]。戦後の第一次医療技術革新は、抗生物質や抗結核剤などの登場、全身麻酔、輸血、補液などの導入を促した。その結果、身体のあらゆる部分にメスが入るようになり、伝染病・感染症に対しても飛躍的な治療効果がもたらされた。１９４０年代後半から50年代にかけて、それまで死因第一位だった結核の死亡率が瞬く間に減少し、結核病床が不要となっている。医療費の面でも、疾病克服、病人減少、医療費削減というサイクルが成立した。

１９６０年代、いわゆる成人病時代に入り、第二次医療技術革新が始まる。１９７０年代にかけて臨床検査の自動化、超音波診断技術、胃カメラ、ＣＴ、ＭＲＩ、血管造影など診断技術が長足の進歩を遂げる。ただ、診断面の進歩に見合う治療技術の発達はみられなかった。人工透析、心臓のバイパス手術、脳動脈瘤の開頭手術など治療面での大きな進歩はあったものの、技術そのものとしては「中間段階」であり、抗結核剤のような画期的効果をもたらす技術は出現していない。

現在も第二次医療技術革新の範囲にとどまっており、患者は、中間段階の治療技術で寿命は延びるが完治されず、加齢・寿命の壁に阻まれ、診断・治療費は、効果の薄さもあって、ますます膨らんでいく。コスト・パフォーマンスにおいて、第一次技術革新のようなサイクルは成り立っていない。医療が高度化するほど医療費は増大している。

一方で、分子生物学における遺伝子技術の医学への導入で第三次医療技術革新が始まっている。臓器移植、体外受精、遺伝子診断・治療などが一部で実現過程に入ったが、全体としてはまだ研究段階である。

■医療技術の進歩には限りがない

おおまかに技術進歩と医療費の関係はここまで述べてきたような話であるが、医療技術というか、生命技術の進歩によって、その様相は少し変わってきた。本来は、財政について議論する本章で最先端の医療技術について議論するのは適切ではないかもしれないが、ここにいくつかの最先端技術を紹介し、これらがどのように財政に影響があるかという問題を投げかけてみたい。

とはいえ、筆者には現段階では答えが見えていない。たとえばセンチュウという虫がいるが、この虫の臭覚を利用してがんを発見するという研究が行われている。その他にも最近、医療保険に収載されたが、楽天の子会社である楽天メディカルジャパンは光免疫療法を使ったがん治療をアメリカから日本に導入している。

再生医療の話も随所に見られ、状況によっては臓器も再生可能だと言われている。さらに、脳に直接電極を埋め込んで、義手や義足を動かしたりすることも不可能ではない。ナノマシンで、がんの診断や治療をするといった研究もなされている。このように、宇宙と並んで人類最後の研究のフロンティアとも言える医学および生命科学分野の発展は、想像を絶するものがある。

財政の視点から、筆者が気をつけなければならないと思っているのは次の二つである。一つは再生医療にもつながる話でもあるが、近年の免疫学の発展によって、人それぞれが細菌やウイルスあるいはがんといった異物に対して反応が異なることがほぼ明確になってきている。その場合に、いかにしてその免疫を高めるかということが課題になりうる。たとえば抗がん剤であるオプジーボ®は、がん細胞により免疫細胞を不活化することができなくなっている状況を解除する薬剤である。すなわち免疫力をアップする薬なのである。

そしてさらに言えば、この免疫力は一つのがんだけではなく、他のがんにも効果がある。これと同様に細菌やウイルスに対しても免疫学の進歩により異物に対して強い体をつくることは可能かもしれず、それは薬剤によって実現できるかもしれない。すでに述べたコロナ抗体のように、コロナにかからない身体をつくることも可能かもしれない。同じように再生医療もかなり広範な適用が考えられる。

こうした動きは、どこまでが病気でどこまでが予防かを区別するのがきわめて難しい。そして、こうした治療はオプジーボ®の例でもわかるように、非常に高額になると思われる。となると、こういったことを行えば、それこそユヴァル・ノア・ハラリの『ホモ・デウス』にあるように、[4]人類がスーパーマンやスーパーウーマンになり神に近づく可能性もある。しかし予算制約があり、すべての人にそれができるわけではない。

もう一つは、遺伝子の課題である。実は遺伝子の話も二種類ありえて、先ほど述べてきたように、第一に非常に普遍的な変化を人の身体に及ぼすような遺伝子の話と、第二に薬剤にフォーカスした場合の抗がん剤といった意味での、あるいは希少疾患対応といった意味での遺伝子治療がある。後者についてはよく言われるように患者数が少ないので、薬剤が高価でも医療費全体で見れば問題ないという話がある。たとえば、アメリカで患者一人当たり約2億3000万円（従来の治療を10年続ければ4億円）、日本で同1億6707万7222円という高額な先天性の脊髄性筋萎縮症の薬剤であるゾルゲンスマは、使う患者数が少ないので、医療費全体に与えるインパクトも少ない。

現段階での技術は、このようなレベルに留まっているものの、普遍的な遺伝子技術につながると、それこそSF映画の世界だが、頭が良くなる、免疫力が増す、等々の人間自体を改変することができるような技術も時間の問題か、あるいは技術的にはすでに可能かもしれない。

繰り返しになるが、こういった技術の進歩が財政面にどのように影響を与えるのかは、現段階ではまったく予測がつかない。もしかしたら、莫大な費用をかけて天然痘が撲滅され、C型肝炎ウイルスの患者が薬剤によって急速に減少したように、人類の病気がなくなることで医療費が減るのかもしれない。しかし、「人間はいつかは死ぬ」と考えると、予防医学での理論と同様に、結局は他の病気で医療費がかかって、最終的に死ぬということになるのかもしれない。いずれにしても、この話はさすがに未来の話にすぎるので、本書ではここまでにしておきたい。

■医療費増加の原因③：医療技術の普及

技術の進歩だけではなく、その普及も医療費高騰の大きな独立した要因であり、技術の進歩と別に議論すべき重要な要素である。薬は高度先進技術の一部であるが、医療技術のなかで最も普及しやすい治療技術である。薬は治療に関わるので、最もよいものが開発されれば、それを使わざるをえない。一方、薬は入手や処方が容易であるので普及が早い。しかしながら、モノの流通だけではなく、

「誰が情報を伝えるのか」という課題がある。言い換えれば、「情報伝達を誰が行うのか」「その費用を誰が負担すべきか」という議論である。

従来この部分は、たとえば医師や薬剤師などに対しては、製薬会社がＭＲ（医薬情報担当者）を通して情報提供を行っていた。通常の薬剤と違って、医療用医薬品は医師に処方権があり患者は直接購入することができない。したがって、この製薬会社から、患者ではなく処方者である医師に情報が伝わっていた。もちろん疑義照会などで医師の処方について関与することができる薬剤師についても同様であった。しかし、そのために患者のヘルスリテラシーが低くなるという問題が起きてきている。この点については、終章で改めて述べたい。

ＰＣＲ法もその一つだが、新しい診断法となると薬ほど急速には普及しない。診断技術を習得するのには時間がかかるし投資も必要である。新しい手術法は、それらに比べてさらに普及は遅れる。新しい手術法を身につけるためには教育や研修機関での、場合によっては長期の修練が必要である。また、医療保険制度の有無、あるいは適用されているかどうかも、この普及のスピードに影響することは言うまでもない。保険に適用されていなければ、患者は非常に高額な医療費を支払わねばならなくなってしまうからである。

■医療費増加の原因④：医師誘発需要

「医師、あるいは供給者誘発需要」という言葉がある。簡単に言えば、供給者である医師が、需要者である患者の意思とは無関係にサービスを提供してしまうことである。

先述した薬剤も、医師がある薬剤を処方するといった場合に断ることができる患者は少ないであろう。このことは、場合によっては他の医療従事者にも当てはまる。しかしこれは、医師が無理やり患者の嫌がる検査や処方をしているわけではない。

これは日本の現在の医療の一部が、保険者という第三者による「出来高払い」になっていることと関係がある。この出来高払いというのは「医者にとって天国、患者にとってもかなり天国、保険者にとっては地獄」というシステムである。まず、医者は医学的に必要だという判断で、何か医療行為をすると全部お金を支払ってもらえる。患者側にしても、過剰な診療をされるおそれはあるものの、病気を治したいということを前提とすれば、過剰か過少であれば前者の方がいい。副作用が起きる、痛いなどといった症状があれば別だが、何もなければ手厚い治療の方が安心なので、患者にとっては満足度が高いことになる。この関係から生まれてくるのが、医師誘発需要である。

また、この医師による誘発需要を生む可能性があるものには、「出来高払い」以外に、「情報の非対称性」がある。すなわち患者と医師の間にある医療に対する情報・知識の格差、いわゆる情報の非対称性があるので、患者はなかなか医師誘発需要を抑止できないと言われる。繰り返しになるが、よくわからないならば少し多め（つまり安心）な方がよいというインセンティブが、患者に生まれるからである。

医療費を下げるという目的を達成するには、医師誘発需要をコントロールするために、患者に理解できる医療内容や診療実績の開示、医師・医療機関の能力に関する情報公開などが考えられている。しかし、現状では、この件は、その存在があるかどうかを含め、医療費増のさほど大きな要因とは考えられていない。なお、医師誘発需要の経済学的な実証分析などについては、後藤・井深（2020）に詳しいので参照されたい。

■医療費増加の原因⑤：国民所得の上昇と健康需要の高まり

拙著『健康マーケティング』で指摘したように、豊かな時代になってくれば、特にモノに対する欲望は減少していく。経済学で言うように、同じものであれば、2個目の入手より3個目の入手から得られる効用は次第に少なくなる。また、モノが違っていても（差別化されていても）、だんだん欲しいものは減ってくる。以前であれば、クーラー、車、カラーテレビが望まれた時代もあった。

しかし、どんな時代になっても求められ続けるものがある。それが健康である。その意味で、所得が高い人は医療費への支出が多い、あるいは先進国では医療支出が多いことが想像される。実際、一人当たりの医療費支出は豊かな国の方が高い。

■医療費増加の原因⑥：生産性の格差

一般に医療のようなサービス産業ほど生産性向上が遅れがちであると考えられている。一方で、経済学者は「ある産業の生産性向上が経済全体の生産性向上と比べて遅れている場合、その産業の財・サービス物価は上昇する」と説明する。これは人件費の上昇による。たとえば、男性のヘアカット・サービスの質や生産性は50年前と現在で大差ない。しかし、理容師の実質賃金は他の勤労者と同程度に増加した。これは、仮に生産性上昇がみられない産業で賃金が上昇しなければ労働力確保が難しくなるからである。

最近の日本では、介護サービス産業に従事している人たちが、他業種の給与が増加したために、そちらに転職してしまった例や、中国でも、医師が公務員であり給与が伸びず、民間企業では経済発展で給与が増えたために相対的に医師が貧しくなった例などが観察されている。それゆえに、介護業界でも賃金とともにサービス料金を値上げせざるをえなくなってしまっている。そのため、医療界での診療報酬に当たる介護報酬を引き上げてほしいという議論が出てきている。現在は、介護報酬ではなく人材確保等支援助成金という補助金の形で、介護事業者に介護サービスを提供してくれる人を雇用するための補助金が支給されたり、職場の雇用改善事業を行う場合の補助金制度が設けられたりしている。

医療の場合は現在こういった仕組みはないが、人件費が少しずつ上がっていることは間違いなく、医療機関の経営を考えた場合には人件費の上昇が間接的には医療費を引き上げる原因になろう。

■医療費増加の原因⑦：予防医療が不十分

生活者には、予防や健康増進などがあまり意識されないという点はどうだろうか。予防や健康増進は、保険原理にマッチしない部分があるが、言うまでもなく医療が社会保障であるという視点では欠くことができない。例として「禁煙で医療費は抑制できるのか」という問題を考えてみよう。昔のデータでは、必ずしも医療費を減らすわけではないことを示しているものもある[6]。

タバコをやめる方法にはどんなものがあるのだろうか。薬剤としては、現在日本では、ニコチンガム、ニコチンパッチという貼付薬の販売がなされている。これらは、日本では保険適用外の薬になっており、医師の処方がなければ使うことができない。このあたりにも、予防的な薬剤に対する厚生労働省の考えが見て取れる。確かに、こういった活動は明確な病気や事故に対して支払うという保険の仕組みにはなじみにくいが、国民の福祉という視点では、社会保障の重要な分野になりつつあると言える。

また、禁煙に限らず、予防医療は短期的には医療費を高くするが、長期的には心筋梗塞、がんといった重大な生活習慣病に罹患するイベントを減らし、医療費を抑制する可能性も高い。ただし、残念ながら予防については医療費を下げるという明確なエビデンスは出ておらず、現在のところは長期的に見て、予防が医療費を必ずしも減らすことはないという主張が優勢である。[7]

■医療費増加の原因⑧：競争の少ない市場

医療費が高くなるか否かは、医療サービスが競争的か否かも関係する。一般的には、地域に一カ所しか医療機関がなければその地域で医療サービスの供給を独占することになるので、同じような医療機関が二つ以上ある地域と比べて医療サービスに競争があるかどうかを見るためには、医療の供給体制がどうなっているのかを考える必要がある。

日本では、医師の供給は医学部の定員として制限され、さらに医療計画のもとでベッド数の増加に制限が課されている。さらに、医師をはじめとする医療専門職の参入は免許によって規制されている。免許制度は供給を規制するので、自由競争のもとでは医療サービスの費用が上昇するはずだ。医師になるための教育費用は各人にとってはコストである。したがって、リターンがコストを上回らないと参入できない、つまり医師になろうとはしないはずだ。

医学教育の費用は、他のどの専門職より高い。しかしながら、医師にとってのコストである学費は、国立大学の場合には他学部と同じか少し高いだけなのに医学教育への補助金が高く、かつ卒業後の医師としての収入が高いという問題点が指摘されることがある。

■医療費増加の原因⑨：患者本人の自己負担率が低い

典型的な経済学に基づけば、人は費用の自己負担がなければ利益をとことん追求すると考えられる。つまり、医療保険によって自己負担率が低くなっているので、患者が医療サービスを受ける際にコスト意識を持たないという考え方だ。一般の商品のように単純に考えれば、自ら支払う価格が高ければ購入を手控えることは多いし、それは当然の考え方のようにもみえる。しかし、医療においてこの考え方が正しいのかどうかは、なかなか実証することが難しい。

経済学では、「医療サービスの受診は需要の価格弾力性が高いのかどうか」ということが議論になる。「需要の価格弾力性」とは、簡単に言うと、価格が変化したときに消費者の購入行動がどう変わるかを示す数値である。一般的な企業から見れば、ある商品の価格が変化した場合に売上がどれだけ変化するかを示す数値のことである。日用品などは価格の変化に敏感なため、価格弾力性が大きい。逆に、嗜好品などは価格弾力性が小さく、多少値段が変わったからといって需要がすぐに増減するようなことはない。

さて、医療サービスへの需要はどうであろうか。医療サービスには他に代替的な財やサービスがないため、価格弾力性は小さいと予想される。その一方で、価格弾力性が0よりも大きければ、自己負担率が低くなると医療需要が増加し、同時に医療支出（＝自己負担分＋保険からの償還分）も増加する。したがって、医療サービスの需要の価格弾力性が政策的に重要な意味を持っているのである。

また、所得が1％増えたときに、ある財の消費が何％伸びるかという値をその財の「需要の所得弾力性」という。需要の所得弾力性が1より大きい財を奢侈品、1以下の財を必需品という。すなわち、所得が1％増えた場合に消費量がそれ以上伸びるか否かで奢侈品か必需品かを分類している。必需品は所得の高低にかかわらずある程度の消費をせざるをえないので、所得が上下したからといってそれほど消費は変化しない。医療は生活感覚からすると必需品であるが、奢侈品とみなす考えもある。

このような考え方のもとで、諸外国では自己負担率の増加を積極的に行っているケースは少ない。むしろ、国民皆保険制度の導入で、病気になったときにかかる金銭負担を減らすことで、医療へのかかりやすさを促進する方向が追求されていた。

■医療費増加の原因⑩：その他の要因

その他、大きな要因ではないものをまとめておこう。まずは自衛的な医療がある。特にアメリカで顕著だと言われているが、医療訴訟が増えており、訴訟沙汰にならないように医師が慎重になってきている。積極的な医療行為を提供しなければ医療費は減少し、護身のために余分な検査などを行えば医療費上昇につながる。

次に、医療機関の不正として、行っていない医療を行ったように見せて高額請求するといったものがある。不正請求というと、一方的に医師がごまかしている印象を受けるかもしれないが、勤務医にとっても医療機関にとっても、診療報酬を請求するレセプト（診療報酬明細書）のチェックは大変な作業だ。というのは診療での医学でのルールと、保険請求のためのルールは似て非なるものだし、日本医師会の『改定診療報酬点数表参考資料』に示されているように診療報酬は複雑である。[8]

逆に、請求し忘れも多くある。医療機関のマネジメント力不足と言えばそれまでだが、医療系のコンサルタントなどのなかにはこういった請求の漏れのチェック、あるいはより収入が多くなるような請求方法などをアドバイスしている人も多い。ただし、いずれにせよこれらの財源は保険料や公費、もとを正せば国民のお金であるから、システマティックに間違いを正していかねばならない。

4 診療報酬と薬の値段の決まり方

■診療報酬の支払い方式あれこれ：包括払いへの流れ

さて、ここまでは医療費が上がる原因について述べてきたが、本節では医療費を政府がどのように支払っているかを見ていこう。

お金がない患者に対する医療をどうしたらいいのか。江戸時代の医師の赤ひげであれば、融通が利くかもしれない。支払いを待ってくれたり、場合によっては免除してくれたりするだろう。しかし、医療保険制度は政府の仕組みなので、感情ではなく合理的に判断する。たとえば、条件が揃っていなければ給付が受けられないし、ルールを破ることはできない。注意しなければならないのは、このルールは明確であるが完璧ではない、という点である。

日本の診療報酬の支払い方式である「出来高払い」と「包括払い」について、ここで簡単に説明しておこう。先にも述べたように、出来高払いは「医者にとって天国、患者にとってもかなり天国、保険者にとっては地獄」というシステムである。出来高払いでは医者は医学的に必要だという判断で、何か医療行為をするとお金を全部支払ってもらえる。

ところが一つ困るところがある。それは費用を支払う保険者や、税金で医療費を賄っている財務省である。本当はここが費用支払いを担うところだから、最も重要なはずである。実際に、財政が問題になってきて、保険者や財務省が「それではちょっと困る」ということを、医者と患者の間の関係に入り込んで意見を言うようになってきた。後述するが、まさに費用対効果の視点である。そして、費用対効果を何らかの方法で評価しなければならなくなった。

このように考えると、この費用対効果の追求というのはとても難しい命題である。しかし残念ながら、その追求が要求されている以上、方法論を考えねばならない。次に経済学の視点から、その方法論をいくつか考えてみよう。まずは出来高払いにかわる支払い方式についてである。

■世界での支払い方式の潮流

日本ではＤＰＣというコードによる診断群分類（アメリカではＤＲＧ）、あるいはＤＰＣに基づく支払い方式（DPC／PDPS）が、2004年に導入され徐々に普及してきた。2020年4月現在で1757病院のDPC対象病院（DPCによる分類で支払いを受けている病院）、249のDPC準備病院（DPCによる支払いを受けるためにデータを提出している病院）がある。言い換えれば、急性期病院の必要ベッド数をほとんど満たしてしまったということになり、急性期病院＝DPC病院、といった形になっている。

支払い方式としてのDPC／PDPSは、上述したように徐々に普及が進んだ。ここで注意すべきは日本のDPCやアメリカのDRGは、病院への費用の償還システムではなくあくまでコード（分類）であり、償還システムを構築するための手段だということである。支払い方式と、診断群分類そのものとは分けて考える必要があると言えよう。

支払い方式の分類を考えると、大きくは「予算制」と「出来高払い」に分けられる。予算制というのは、もちろん医療であるから年度末に多少の調整を行うにせよ（そうしなければ、お金がなくて年度末には病院などを閉めることになってしまう）、マクロでの医療費抑制を強力に行うことができる方式である。イギリスでかかりつけ医に対して行われている人頭払いも住民何名当たりに対していくらの医療費というのを組むわけであるから、まさにこの予算制である。一方、出来高払いは、いかに包括払いや定額払いなどを導入しても、前者のような予算とは違い、使ってしまったものに対して、制約はかけることができるが、支払わないということはできない。たとえば、ある疾患への請求に対して、診断が間違っているとか、出来高払いであれば本当にその行為が行われたかについてのチェックは行うが、そこで問題がない限り当該疾病への支払いはなされる。

ＤＰＣによる支払は、この両者の長所を集めた形になっており、この包括払い方式への変更は世界における潮流なのである。

■薬価とは何か

さて次に、「薬価」について考えてみよう。薬価とは、病院や薬局、診療所における薬の値段のことである。病院や薬局では、この値段をもとに会計し、その一部を外来窓口で請求する。おおまかに言えば、1錠10円の薬を、1回1錠、1日3回、7日分の処方で、合計210円になる。ただし、処方箋料や、調剤料、指導管理料などいろいろな技術料も加算されるので、実際には、薬を薬局で入手するか、病院や診療所で入手するかでも異なり、かなり複雑な料金体系となっている。

さて薬価は、国（厚生労働省）が決める公定価格であり、その決め方には一定のルールがある。新薬においては、研究開発費などのコストが考慮されるし、今までにない画期的なものであれば、その分薬価が高くなる。このような新しいオリジナルの製品を、薬価を語るうえで「先発医薬品（先発品）」と呼ぶことがある。これに対するのが、「ジェネリック医薬品」という、特許切れの後発品になる。

また、欧米では薬価は物質特許が切れるまでは維持または値上がりするのに対して、日本では薬価基準収載後は、次に説明する薬価改定によって、順次値下がりする制度になっている。そのため、単純に諸外国と日本の制度を比較することはできないが、日本では薬価が高く、反面、医師をはじめとする医療従事者の技術料や検査料は低く抑えられているとの主張もある。

■薬価の決まり方と経済学的な注意点

ここで、薬価制度についてさらに見ておこう。日本では1957年に、保険の対象となる医療については薬価基準の定められた医薬品のみを使用することが義務づけられた。そして、1978年に現行の銘柄別の薬価が定められるようになった。

日本での薬価の決め方の特徴は2年ごとに改定がある点であったが、2021年度からは1年ごとの改定となる。これまでは診療報酬と薬価の決定が一体化していたが、今後は諸外国のように別々になるということである。

薬剤は「モノ」なので、「医療のようなサービスと同じように価格を決定するのはおかしい」というのが、かねてよりの筆者の主張である。実際に、アメリカの高齢者保険制度であるメディケアでは、かつては薬剤への給付は行われていなかったし、今日でも外来や入院といった医療などのサービスと外来薬剤給付に対しての枠組みは別になっている。これはヨーロッパのほとんどの国でもそうである。

ちなみに諸外国では、薬価は自由価格制度をとっている国が多い。例外はフランスで、公定薬価制度がとられているが、後述するように患者負担に影響する償還がきめ細かく行われている。すなわち、代替性がある薬剤では償還はなく、政府等が考える重要度が高いものには償還割合が高くなっているのである。ただし、自由薬価制度といっても野放しにしているわけではなく、イギリスでは医薬品価格規制制度、ドイツでも参照価格制度がとられている。参照価格制度とは、同一成分、もしくは類似成分、治療目的が同じという視点で医薬品を一つのグループにまとめて、同一の保険償還限度額を定める制度である。考え方としては、薬価を決めるというよりは、医療保険が薬剤給付について負担する限度額を定めるというものである。

さらに、薬剤についての自己負担も、国によって異なる。たとえばフランスでは、上述のように抗がん剤など代替性のない高額の薬品では自己負担はゼロ、有効性が高いあるいは必要性が高いものは自己負担35%、中程度は70%、低度は85%、連帯の視点から国民が負担を行うべきと考えられる薬剤は自己負担が100%となる。スウェーデンでは、1年間の薬剤費が1150クローネ（日本円で約1万3000円）まで全額自己負担で、それ以降は増えた額の一定額を支払う。そして支払額の上限を決めるといったやり方が行われている。ドイツでは、医薬品費用の自己負担は、薬価の10%（ただし医薬品1種類につき、最低5ユーロ、最大10ユーロ）に加えて、参照価格制度による超過分を合わせた額である。

5 医療の費用対効果を考える

■ 医療経済学の必要性

ここまで、医療費が増加する理由、医療費を決める仕組みについて述べてきたが、これらを考えるための学問はないのだろうか。医療を支える学問が医学、看護学、薬学、状況によっては法学といった学問だとすれば、経済学は今まで出番がなかった。しかし、医療がいかに医学などの学問の応用で

図2-9　医療をめぐる学問・医療経済学とは

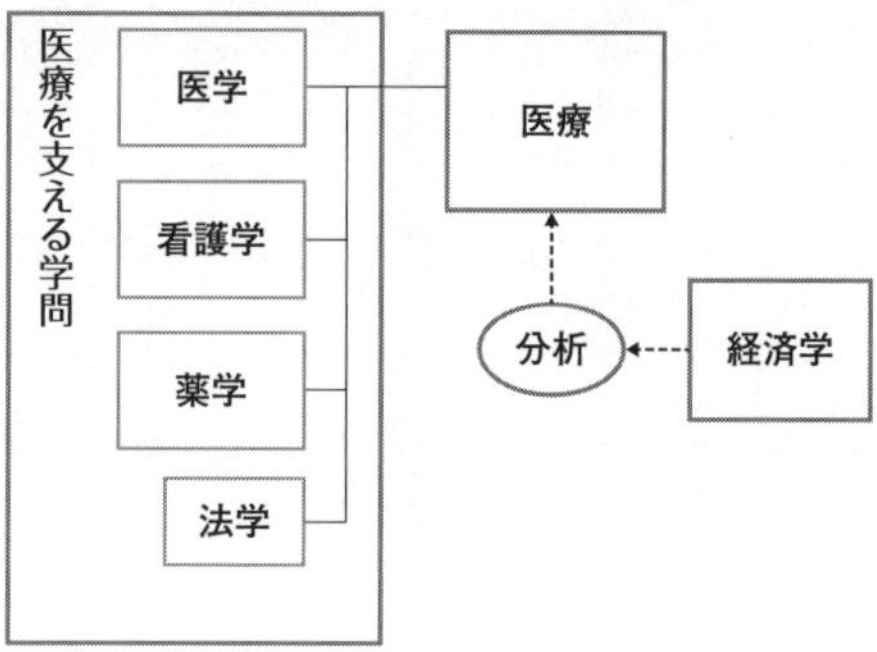

（出所）真野（2006a）より。

あり、診断や治療のための医師の裁量権が大きいとはいえ、今までのように自由に患者のために治療をするということができない時代になってきた。

　これは財政面の制約による。つまり、日本のような国民皆保険という仕組みのなかで、できる医療とできない医療が生まれてきたことが問題となっている。このような分析を科学的に行うために医療経済学（Health Economics）が必要とされるのである（図2-9）。そして、医療経済学のなかでも、どこまでの医療を保険の対象とし、どこまでを保険外として扱うのか、あるいはそこまで明確に区分けしないまでも、もう少し命の値段を明確にしなければならないという動きが出てきた。

　もちろん、医療経済学がカバーする範囲は、これだけではない。むしろ、今から述べる費用対効果分析は、その一部かもしれないが、これは、ある意味では命をお金で測ることにもつながるので、少し詳しく見てみたい。

■命に値段をつけるべきか

医療経済学の対象は、マクロの医療費である国民医療費の分析から、個別の疾病に対する費用まで多岐にわたる。そのなかでも、重要な分析対象の一つは、費用対効果分析で医薬品の価値を評価することである。

最近の資本主義の発達によって、多くのものが数字、とりわけお金の価値に換算されることが増えてきた。読者の皆さんは「収益還元法」という言葉を耳にしたことはあるだろうか。これは不動産の価値を測るときに、その生み出す金銭からその価値を測るという方法である。たとえば、家賃が月に10万円のマンションがあれば、家賃は年間に120万円になる。利回りとして5%が適当であれば、120万を5%で割って、2400万円がそのマンションの価値であるといった計算方法である。逆に、日本には土地は祖先のものとか、守り神がついているといった考え方もある。いまだに、ある土地にビルを建てるときにはその守り神の鎮魂をするといったことを行う場合がある。土地において、このような非合理的とも言える考え方が色濃く残っている以上、人の命に至ってはなおさらであろう。

「現在価値」という概念もある。簡単に言えば、将来得られる金銭的な利益を鑑みて現在の決定を行うという考え方である。専門的には、発生の時期を異にする貨幣価値を比較可能にするために、将来得られる（であろう）価値を一定の割引率（discount rate）を使って現時点まで割り戻した価値を「現在価値」という。たとえば、割引率が年5%のとき、1年後の1万円は、現在の1万÷1・05＝9524円と計算する。危険（リスク）がまったくない金利が5%であるとすれば、その数字を割引率として使うことが多い。この考え方は、企業を買収するときなどによく用いられる。

こうした考え方は、欧米や日本のビジネススクールでは必ず学ぶものであるが、この考え方を土地と同じ理屈で言えば、ある人が年間に稼ぐ給与を累積していって先ほどの現在価値を割り出すことで、その人のそのときの値段、言い換えれば命の値段を計算することも不可能ではない。しかし、ここまで露骨に命に値段をつけることには多くの日本人は抵抗があるのではなかろうか。

各国の動き

しかしそうはいっても、実際には、多くの先進国でこの費用対効果分析が使用されている。アメリカは医療費が高く管理的な医療ではないのでこの考え方はあまり使われていないが、ヨーロッパではイギリスを筆頭にスウェーデン、オランダ、ドイツ、フランスで、またオーストラリアやカナダでもこの考え方が導入されている。どちらかと言うと、医療費を抑制したい国に多い考え方である。

驚いたことに最も早くこの医療技術評価（Health Technology Assessment：ＨＴＡ）の考えを導入した国は、福祉先進国として一般的に知られているスウェーデンである。スウェーデンでは歯科、医療機器、薬剤などの費用に対して保険（正確には税金によるユニバーサルヘルスカバレッジ）で償還するかどうかの判断を行っている政府機関がある。その機関とは、The Dental and Pharmaceutical Benefits Agency（医歯薬委員会）であり、ここではベルギー、デンマーク、オランダ、ノルウェー、スイス、イギリス、ドイツ、フランスなどのヨーロッパ19カ国の薬剤の値段の比較も行っている。次いでカナダのＣＡＤＴＨ（Canadian Agency for Drugs and Technologies in Health）も同様の取り組みを始め、オーストラリアのＰＢＡＣ（Pharmaceutical Benefits Advisory Committee）もそれに追随し、現在では韓国、タイなどアジア新興国でも導入されている。また、イギリスの組織である国立医療技術評価機構（ＮＩＣＥ：National Institute for Health and Care Excell-

ence）は、これらの国と比べると起源は新しい。ちなみにイギリスはスコットランド、ウェールズにおいて多少医療制度が異なるが、スコットランドでも同様の仕組みを導入し始めている。
もちろんアメリカでも医療費の抑制は大きな問題であるが、公的な制度が乏しいアメリカにおいては、拙著『医療危機』でも触れたように、[9] 医療提供者側からの改革を中心に行っている。

図２-10　日本の高額療養費の推移

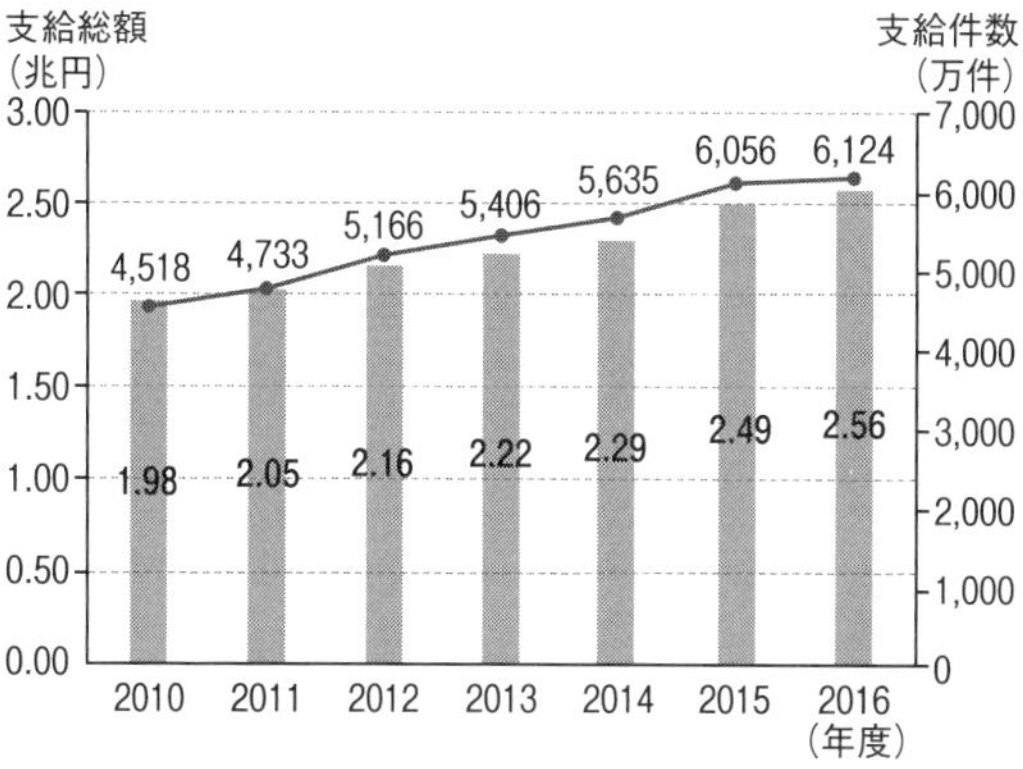

（注）高額療養費とは、１カ月の医療費に窓口負担割合を乗じた額が上限額を超えた場合に、その超えた分を払い戻す制度。
（出所）厚生労働省「医療保険に関する基礎資料」（2016年度）をもとに作成。

日本では公的医療保険に「高額療養費制度」があり、治療費が一定額を上回ると患者の自己負担が大幅に軽減される（図２-10）。そのため、非常に高額の薬剤もかなり廉価な自己負担で利用できるというメリットがある。一方、ヨーロッパでは患者の薬剤に対しての自己負担が日本より少ない国も多いが、高額薬剤が保険収載されているとは限らない。詳しくは後述するが、たとえばイギリスＮＩＣＥの２〜３万ポンドの基準値のように、保険収載するための金額をおおよそ決めていることがある。その考え方は次の通りである。[10]

①たとえば透析医療のように（年間５００〜

600万円)、一般的に広く受け入れられている既存の医療にかかる費用を目安とする。

②国民がいくらまでなら支払ってもよいと考えるか(=支払意思額)。たとえば日本では1QALY当たり500〜600万円程度という調査がある(QALYは次項で説明する)。

③一人当たりGDP等の経済指標。たとえば世界保健機関(WHO)では一人当たりGDPの1〜3倍程度と提示されている。

■イギリスにおける「命の値段」

このような、日本人にはとてもドライにみえる考え方の代表的な国はイギリスである。ヨーロッパに多い、費用対効果分析を熱心に行う国のなかでも、イギリスにおいては、費用対効果の評価の仕方も公開している。またスウェーデン、オーストラリア、イギリスでは保険あるいは公的な社会保障で薬剤費用なりを償還する基準として費用対効果分析を使っている。わかりやすく言えば、一定金額以上のお金がかかる医療は国として面倒を見ないということである。

大雑把に言えば、イギリスでは1年間生きるために400万円(3万ポンド、1ポンド133円で計算)、1分間が約7・6円。これが、政府が支払ってくれる、つまり国が認める「命の値段」ということである。読者の皆さんにとっては、あまりにも安いと思われるかもしれない。「人の命は地球より重い」と教えられてきた日本人には抵抗のある考え方であろう。

専門的には、HTA(医療技術評価)というこの考え方は次のように表現される。1年間で1QALY(Quality Adjusted Life Years:質調整生存年)当たりにかかる費用が3万ポンド(約400万円）以上の場合には保険治療の推薦を得られにくく、2万ポンド未満で1QALY得られれば、保険での支払いの推薦になる。

QALYという考え方は少し難しいが、QOL（Quality of Life）、つまり「生活の質」を加味した寿命のことである。つまり、「体調が悪い1年と健康な1年では健康な1年の方が価値がある」ということで、その差を数字で表す考え方である（3万ポンド＝約400万円以下の場合にも推薦は行われることがある）。

もともとイギリスでは、第二次世界大戦での経験をふまえ、国が医療の面倒を見るという仕組みであるNHS（National Health Service）、つまり国民保健サービスという形で、国民にほとんど自己負担額がない形で医療が提供されている。3割自己負担である日本の方が、支払う医療費が高いことになる。

しかし、そのイギリスで医療費にメスが入った。イギリスでは国が医療を管轄しているので、医療費を下げやすかったとも言える。その背景にあるのが、命をいくらと見るのかという考え方である。そしてその厄介な計算をするのが、先ほど紹介したNICEという組織である。

1997年のブレア政権成立直後、NICEによる概念が示された。その後、根拠法が制定され、1999年4月1日、NICEはNHSの特別保健機関として設立された。NICEの役割は、医薬品、医療機器、診断技術等に関する新技術、新製品についての臨床上の効果や費用対効果を評価し、NHSに対して標準を推奨するというものである。

歴史的には当初、先述のHTAから始まり、現在ではQOF（Quality and Outcomes

Framework：医療を評価する指標）に代表される指標や、臨床ガイドラインの策定が主たる業務となっている。対象も、治療だけではなく、公衆衛生、予防、さらには介護などのケアを含めた連携の評価といった範囲に広がろうとしている。

いくら医療費が高いからといって、お金がない人は死んでもいいと言うのであろうか。もちろんイギリス人も、お金がない人を見捨てようというわけではないだろう。しかし、「合理的」に物事を考える人にとっては、これもありうべき選択肢ということで、容認されているのである。

■日本でも導入

日本でも費用対効果による評価を導入するようになった。ただし、日本での議論は、イギリスのように薬や高度な技術を保険に収載するかしないかを決めるということにはなっていない。こういった高額になる薬剤などの値段の調整に使うという状況になっている。

日本で2019年4月から薬価等の設定に導入された「費用対効果評価」の仕組みは、一度新薬等を保険収載したうえで、後に価格調整を行う仕組みである。つまり、類似技術（医薬品等）と比べ、費用対効果が優れていれば価格の引き上げ、あるいは維持し、費用対効果が劣っていれば価格を引き下げるという方法である。

対象品目については、有用性加算等が設定されている、市場規模が大きい（100億円以上が対象、50億円以上100億円未満が対象候補）、あるいは著しく単価が高い（数百万円以上を想定）医薬品・保険医療材料になる。有用性加算とは、厚生労働省が新薬の価格（薬価）を決定するにあたって、新薬が類似の薬剤よりも有効性や安全性に優れていることなどが認められた場合に行われる加算のことである。

■ICERとは

「費用対効果が優れているか、劣っているか」の判断に当たっては、「ICER（Incremental Cost-Effectiveness Ratio：増分費用効果比）」という概念を用いる。ICERの数字は上述したQALYになる。ICERは、「類似技術βの費用（b）と新規医療技術αの費用（a）との差（つまりb—a）」を「類似技術βの効果（B）と新規医療技術αの効果（A）との差（つまりB—A）」で除したもので、「高い効果を得るために、どれだけ余分な費用がかかるのか」を表現することができる（図2-11）。

ICERの値が大きければ、「同じ効果を得るために大きな費用がかかる、つまり費用対効果が悪い」と判断でき、逆にICERの値が小さければ、「同じ効果が、より小さな費用で得られる。つまり費用対効果がよい」と判断できる。そして、ICERの値が大きい（費用対効果が悪い）のか、小さい（費用対効果がよい）のかを判断するために、次のような基準値が設定されている。

ただし、すべてお金で割り切るわけではない。費用対効果のみでは判断しきれない部分は総合的評価という形で考慮される。これは、ドライと表現したイギリスでも導入されている考え方である。たとえば、通常の品目であれば、ICERが500万円未満でなければ費用対効果がよいとは判断されないが、効能効果の一部に指定難病や小児疾患などが含まれている品目では、ICERが500万円

図2-11　ICERとは

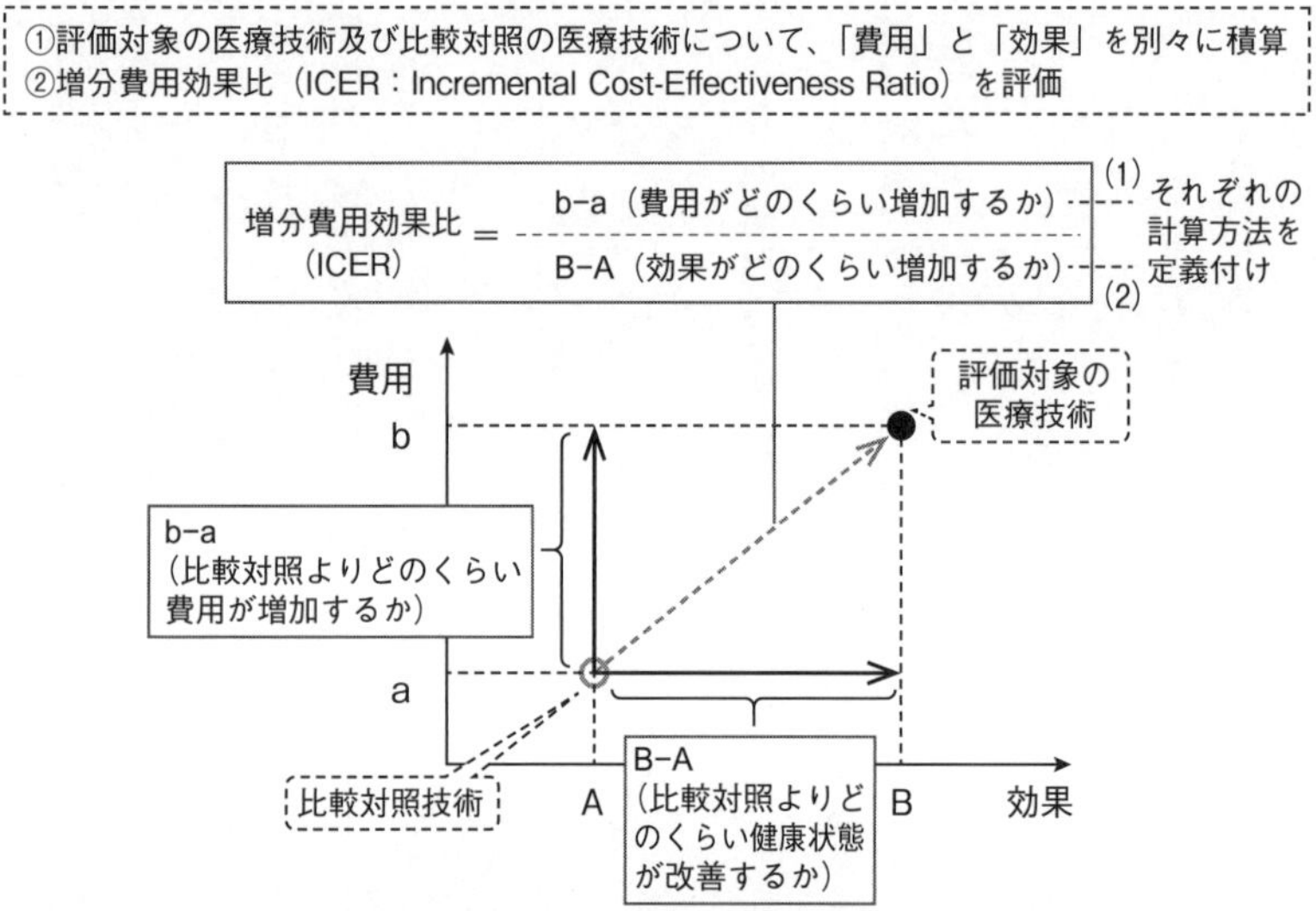

（出所）中央社会保険医療協議会費用対効果評価専門部会資料「費用対効果評価の試行的導入について（概要）」2016年4月27日（https://www.mhlw.go.jp/file/05-Shingikai-12404000-Hokenkyoku-Iryouka/0000122983.pdf）。

以上750万円未満でも費用対効果がよいと判断される。以下（　）内に総合評価での変更した場合を示す。

①ICERが500万円未満（750万円未満）：価格を維持。

②ICERが500万円以上750万円未満（750万円以上1125万円未満）：費用対効果が劣っていると判断され、有用性等加算部分については価格を30％、営業利益部分については価格を17％引き下げられる。

③ICERが750万円以上1000万円未満（1125万円以上1500万円未満）：費用対効果がさらに劣っていると判断され、有用性等加算部分については価格を

60％、営業利益部分については価格を33％引き下げる。

④ＩＣＥＲが１０００万円以上（１５００万円以上）：費用対効果が非常に劣っている」と判断され、有用性等加算部分については価格を90％、営業利益部分については価格を50％引き下げられる。

このように、日本流の細かい配慮が行き届いた設定になっている。

■自助の重視

コロナ禍の２０２０年は、産業医や企業がこれまでも何度となく打った方がいいと薦めてきたインフルエンザワクチンを打ちたい人が増加した。まさにこれは、本書で扱っているコロナ禍における意識の変化ということになろう。これは社会保障の学者がよく述べる「自助・公助・互助」のうちの自助に当たる。日本においては国民皆保険制度が非常に充実しており、医療が身近にあるために自助意識が乏しかったと言われる。

政府が何度となく自助を重視するように促したり、たとえば薬剤であれば、セルフメディケーションとしてＯＴＣ（Over The Counter）医薬品を推奨したりしても、なかなかこの方向へは動かなかった。しかしコロナ禍によって、インフルエンザワクチンへの対応でも見られたように、国民の意識が変化してきているかと思われる。

医療費の視点で見れば、こうしたことが国民医療費の減少につながる可能性があり、もっと言えば疾病の変化が起きるかもしれない。コロナ禍によって自宅に引きこもる人が増えれば生活習慣病、あるいは社会との接点が減るために認知症、といった疾患、場合によってはうつ病も増えるかもしれない。また、マスクをする、接触を避けるといった行動で接触感染や飛沫感染あるいは空気感染を起こす感染症が減っている。こうしたことも、医療費を考えるうえでは必要だろう。

注

1 財務諸表とは、貸借対照表（B／S）・損益計算書（P／L）・キャッシュ・フロー計算書（C／F）・株主資本等変動計算書（S／S）など、企業が利害関係者に対して一定期間の経営成績や財務状態等を明らかにするために複式簿記に基づき作成される書類である。

2 厚生労働省「平成30年度 介護保険事業報告（年報）」（https://www.mhlw.go.jp/topics/kaigo/osirase/jigyo/18/index.html）。

3 川上（1997）。

4 ハラリ（2018）。

5 真野（2005）。

6 Barendregt, Bonneux and van der Maas (1997).

7 康永（2018）。

8 日本医師会『改定診療報酬点数表参考資料（令和2年4月1日実施）』（https://www.tokyo.med.or.jp/download/kaitei2020_03shiro_zentai.pdf）。

9 真野（2017a）。

10 中央社会保険医療協議会費用対効果評価専門部会資料「費用対効果評価の試行的導入について（概要）」2016年4月27日（https://www.mhlw.go.jp/file/05-Shingikai-12404000-Hokenkyoku-Iryouka/0000122983.pdf）。

第3章

医療提供体制の危機

1 コロナ禍以前の日本の病院経営

本章では病院や診療所、薬局などの医療提供体制が、新型コロナウイルス感染症の影響を受けてどのような状況に陥っているのかを見ていきたい。コロナ禍以前にも、特に前章で考えたような財政面の問題から、病院経営危機が指摘されてきた。そこで、以下ではまず病院について、コロナ禍以前の話から始めよう。

■厳しい病院経営

日本病院協会などの調査によると経常損益が赤字の病院は2018年6月時点で全体の54％にのぼる。[1] 人件費の上昇や設備投資の負担が重く、利用する患者数が多くても経営が厳しい病院もある。特

図3-1　1病院当たり患者数の推移（入院、外来）

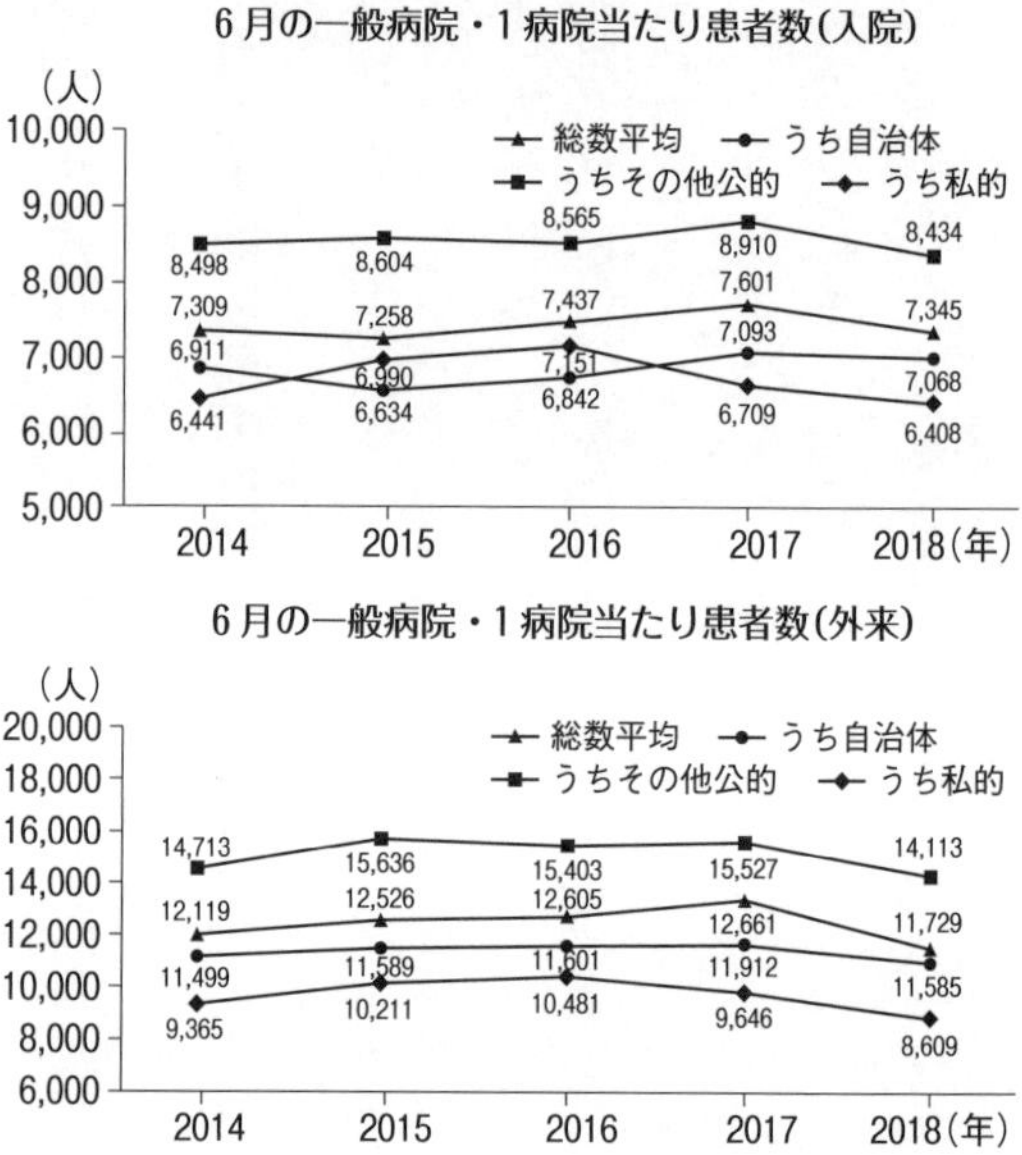

（出所）全国公私病院連盟・日本病院会「平成30年病院経営実態調査報告」(2018年6月）をもとに作成。

に２０１８年においては病院の売上高の成長が止まったと言われている。図3-1に示したように、厚生労働省が毎年6月に行う「病院経営実態調査」の報告において、1病院当たりの患者数は入院・外来ともに減少している。以下でも説明するが、診療報酬自体は２０１８年に多少プラスになっているので、患者数が減少しているために医療機関の収益が減少しているという状況である。

高齢化が進むと、疾患を持つ人が増えるので入院や外来の患者は増えるとされていた。この患者数の減少は、患者が医療機関を受診する比率である「受療率」の低下による。入院の場合は、在院日数が短くなっていることもこの原因だと思われるが、外来においては、患者が受診回数を減らしていることに原因があるだろう。すなわち、コロナ禍以前から、病院や診療所の経営は厳しい状況に置かれつつあったと言える。

■病院経営が厳しい原因

なぜこのようなことが起きているのであろうか。一つには、診療報酬の問題がある。前章で述べたように国の財政に余力がなくなってきており、公定価格である診療報酬はかろうじてプラス改定が行われているにすぎない。しかし、原因はそれだけなのだろうか。アジア諸国のような経済発展の途上国で、国に社会保障の余力がない場合に病院経営が危機に瀕しているかと言えば、必ずしもそうではない。

筆者はこの点に、日本の医療機関ならではのつらさ、あるいはジレンマを感じる。日本の医療機関は戦略的に経営することができないのである。ここで言う戦略にはいろいろな意味が含まれる。たとえば、マーケティング戦略の基本的なフレームワークである「4P」のうち、日本の医療機関は一番重要とも言える価格設定をすることができない。ここで、4Pとは、Product（商品）、Price（価格）、Place（流通）、Promotion（販売促進）のことである。

日本では、医療の価格は国が決める公定価格である。したがって、人件費や材料費が上がっても厚生労働省が定める価格以上の金額を患者にチャージすることはできない。もちろんこれは日本の医療が平等に全国民に提供されるという視点においては肝になる方法なので、公定価格であること自体を否定するものではない。

■公定価格の問題

ただ、一つ問題がある。日本の医療機関はこの公定価格に経営を縛られ、高い診療報酬を確保しようとするあまり、真の意味での患者のニーズを見失ってしまうことも多いのである。ただこれも、厚生労働省あるいは国が日本の医療全体の戦略を考え、国民皆保険という公平を第一とした制度のもとでうまく回していくことが可能な間は問題とならなかった。しかし現在は、状況が変わりつつある。ちなみに日本の診療報酬は、1点を10円として計算するのが原則のルールであるが、1点を9円にしたり11円にしたりすることですべての医療機関の診療収入を1割上げたり下げたりすることも不可能ではない。

このように、診療報酬とは厚生労働省にとっては非常に強力な武器とも言える。というのも、厚生労働省はこの診療報酬により、医療機関を自身の思っている方向に誘導することができるためである。具体的には、医療機関に何かをさせたければ、その何かに対して診療報酬を高くしたり、加算を行ったりすることを通じて誘導することができるのである。

■医療における価値とは

近年、医療経営の分野で医療における「価値」が話題になることが多い。たとえば、戦略系コンサルティングファームであるボストンコンサルティンググループ（BCG）なども「価値に基づく医療経営」を強調した書籍を出版している。[2]

ただし、難しいのはこの価値の決め方である。この価値を、何らかの論理をもって機械的に決めることができればよいのだが、たとえば労働の価値を正確に把握し、それを報酬に反映することはきわめて難しい。それと同様に、医療の価値を決めるのもきわめて難しい。眼科の白内障の手術と皮膚科が皮膚の腫瘍を切開する手術とを比べれば、白内障の手術の方が難しそうに思える。しかし、前者が後者の何倍の価値がある手術かという形で、具体的な数字を決めるのは非常に難しいだろう。

逆に言うと、日本の診療報酬体系はこうした大きな難問を抱えながらも、ある程度の価格設定に成功している稀有な例である。実際、日本の診療報酬は2年に1回（前章でも述べたように、2021年度から薬価は1年に1回）その点数が改定されるが、その内容を示した「白本」と呼ばれる非常に分厚い書籍である『改定診療報酬点数表参考資料』は、多くの病院や診療所、診療報酬関連の企業が購入するので隠れたベストセラーになっている。[3]

第5章で詳しく述べるが、たとえば在宅医療については、厚生労働省が推進するという方向性を打ち出しているので、診療報酬が高くなっている。そのため、在宅医療を行っている医療機関は収入が高くなる。いずれにせよ日本ではこれまで、このように国が医療の価格を決めることでそれほど大きな問題は起きていなかった。

しかしこのことは、医療の価値を国が決めているという見方もできる。社会主義との対比で言えば、価格を国が決める代わりに市場が決めるという考え方が資本主義における市場原理である。言い換えれば、価値が高いものは市場原理に基づいて価格が高くなり、価値が低いものは市場原理で値段が低くなるという考え方である。

なお、市場では、「需要と供給のバランスで価格が決まる」と言われるが、現実の世界では需要と供給のバランスだけで価格が決まることは少ない。たとえば、売り手と買い手の間に情報の非対称性があるという意味で医療とよく似た特徴をもつ不動産の価格なども、需要と供給のバランスで決まるというよりは、買いたい人がその不動産にどれだけの価値を見出すかということで、住宅などの価格が決定されたりする。筆者の考えでは、ある時までは公定価格の方が市場原理で決めるより医療の価格は高かったが、近年では医療技術の進歩や人件費の増加、患者や国民が医療に対して見出す価値の増加に診療報酬がついていっていないとみている。

■424の病院が再編・統合対象に

厚生労働省は2019年9月末に、全国の病院の29・1%に当たる424の病院に対して、2025年の「地域医療構想」完成に向けて再編・統合などの具体的な対応方針の再検討を要請する対象であるとし、その病院名を公表した。厚生労働省のリストに上がった病院は大騒ぎになった。

このなかには、自治体立の公立病院と済生会病院や日本赤十字病院のような公的病院が含まれている。公立病院にはやはり赤字の病院が多く、税金で補塡されている現在の病院経営のあり方の改善を、厚生労働省が強行に求めているという見方もできる。つまり、もはや今までのやり方では、国としても賄いきれないというのである。

それ以外にも、病院が退出を余儀なくされるケースがある。次に示すような倒産である。具体的に言えば、2017年度は負債1億円未満の小規模倒産が18・4%増（前年179件）となり、2017年（1～12月）の負債総額は364億100万円（前年比18・7%増、前年306億4500万円）と、2年連続で前年を上回った。負債10億円以上の大型倒産は9件（前年7件）と前年を上回ったが、倒産全体では負債1億円未満が212件（構成比84・8%）と、小規模倒産が8割を占めている。[4]

こうした窮状を打破する方法はなかったのだろうか。実は戦略は厚生労働省が決めるとしても、日々のオペレーションを効率化することで赤字を黒字にしてきた病院経営者はいる。価格は公定であるが、患者数を増やし、さらに経費を減らす方法である、「入りを増やし出を減らす」という考え方を実行したということになる。たとえば、元松坂市民病院院長の世古口務、元山形県立中央病院の後藤敏和、元坂出市立病院院長の塩谷泰一らのそれぞれの著書で示されているような成功例がある。[5]病院経営者も、手をこまねいていたわけではない。

■地域医療構想と病院の区分

ここで、先ほど触れた地域医療構想について詳しく見ておこう。２０１４年６月に成立した「医療介護総合確保推進法」によって、「地域医療構想」が制度化された。地域医療構想とは、国立社会保障・人口問題研究所が発表する「日本の将来推計人口」をもとに２０２５年に必要となるベッド数（病床の必要量）を高度急性期病院、急性期病院、回復期病院、療養（慢性期）病院という四つの医療機能ごとに推計したうえで、地域の医療関係者の協議を通じて病床の機能分化と連携を進め、現在より効率的な医療提供体制を実現するための取り組みである。

地域医療構想の目的についても確認しておこう。これは名前からもわかるように地域の医療に関するものであり、「病院の競争力を高めよう」といった視点は（あるのかもしれないが）、明確になっていない。むしろ明確なのは、一つは医療費の削減であり、もう一つはデータに基づく病院機能分化で

図3-2　地域医療構想による2025年の病床の必要量

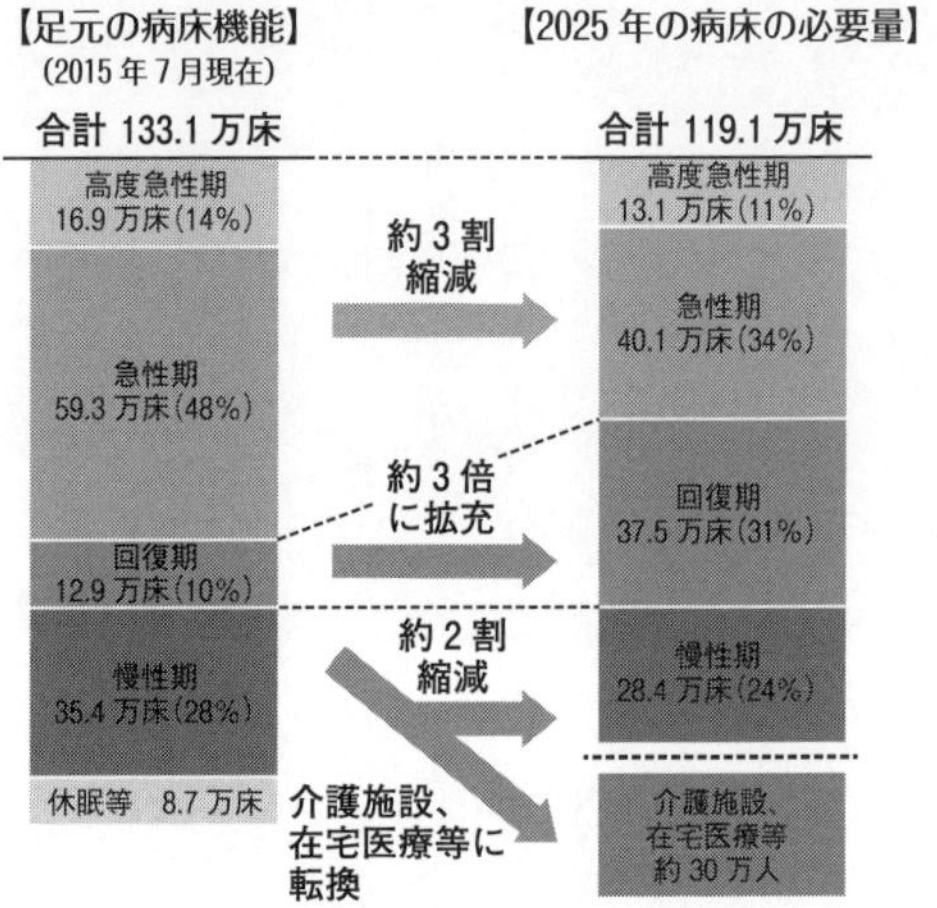

（出所）厚生労働省「平成29年版　厚生労働白書」。

ある。特に後者の視点は、今までブラックボックスとされていた病院の医療の中身が透明化されたために可能となったことであり、画期的であると評価されている。

しかし、データさえあれば、計画的に医療サービスの供給体制をつくることができるのだろうか。もちろん、地域医療構想も最終的には地域での協議で決定と自主性を残してはいるが、基本的にはデータに基づいて病院を区分しようという計画であることは間違いない。

病院の区分の仕方にはさまざまな考え方がある。一つは、病院のベッド数、すなわち規模で区分する方法である。この方法は一番わかりやすいので、中国や東南アジアの国ではこのような区分方法をとっている場合が多い。一方、日本では規模とは無関係にその病院の医療機能で区分している。地域医療構想における高度急性期病院、急性期病院、回復期病院、療養（慢性期）病院である（図3-2）。

■DPC制度と医療の高度化

一方、診療報酬面から病院が区分されているのが、前章で詳しく述べた現行のDPC制度である。もちろん、DPC制度は診療報酬の支払いの話である。この制度は2004年から始まったものだが、そもそも当初は病院のグループは区分されていなかった。しかし、大学病院、大学病院に準じる群、その他の一般病院ということで、順に一群、二群、三群と区分された。しかし野球の一軍、二軍を想起させ病院ランキング的に見られるためか、2018年4月から名称が変更され、現在は大学病院本院群、DPC特定病院群、DPC標準病院群となっている。

名前はさることながら、これも厚生労働省が考える病院の区分であることは間違いない。しかしながら、上述したような地域医療構想による病院の区分とは無関係で、現在のところはむしろ高度急性期病院や急性期病院に限定された区分になっている。

DPC制度は、日本で独自の変化を遂げたとはいえ、もとはアメリカの制度である。したがって、この制度を厳格に適応すれば、平均在院日数の短縮などアメリカ流の医療に近づいていくことは明らかであった。

日本では、平均在院日数が長かったために、1日の医療密度が薄かった。病院を受診する患者や必要な治療は、病気を厳密に定義すれば世界でそんなに大きな差はないと考えられるので、在宅医療やDPCなどで病院での在院日数を減らすように努力するとどうなるだろうか。患者数が同じという前提のもとでは、回転数が上がった分だけ空きベッドが目立つことになる。

こうなると、通常なら病院での雇用者が減る方向に動くはずだが、そうでもなさそうだ。その大きな要因は、病院での医療の変化である。医療の内容が高度化し高密度になってきている。この点が変化してきたので、病院が必要とする雇用者の数は増加しており、診療報酬の上昇以上に人件費が増加し、増収減益（状況によっては赤字化）の病院が増えてきているのである。

■創意工夫・イノベーションの余地

ソ連などの計画経済の失敗から得た反省は、政府等の計画者側にとっては、「事前に何が正しいかわからない」という謙虚さを持てなくなり、現場にとっては創意工夫が生まれにくくなるということだろう。ある意味では、厚生労働省が策定するさまざまな計画や構想のもとでも、現場である病院の創意工夫の余地を残した方がいいのではないか。たとえば、次のような例がある。

「日本赤十字社医療センター（東京）が『同じ効果、同じ副作用なら価格が安い抗がん剤を使う』との院内方針を決めたことが（注：2016年7月）21日、分かった。化学療法科の国頭英夫部長は『国民皆保険制度のもと、日本では高額薬であっても医師は価格を気にせず処方してきた』と指摘。海外では同様の決定が報じられた後に薬価引き下げにつながった例もあるが、薬価を比較した上で使用する薬を決めるのは国内で異例とみられる」[6]

このような創意工夫は政府による計画のもとでは生まれにくいと思われるがいかがだろうか。

筆者としては、今後の病院経営においては、従来型のオペレーションの効率化の改革だけでは難しいと考える。大きな流れとしてIT化、AI化も推し進めて真に患者のニーズを汲み取り、地域ニーズに応える経営を実行できる病院が、患者や国民からも、いや国からも求められるようになったのではないだろうか。

さてここまで、病院経営に的を絞って新型コロナショック以前から生じていた課題を解説してきた。次節からは、コロナ禍以降に話を移そう。まずはじめに、日本の病院の特徴として、病院における感染管理、医療介護連携から議論していきたい。

2 コロナ禍と病院経営

■海外の事例：アメリカを中心に

2020年3月には永寿総合病院、4月には中野江古田病院など、日本でも病院でのクラスター発生が相次いだ。いわゆる「院内感染」である。新型コロナウイルスは非常に感染力が強いので、こういった事態が起きることはやむをえないのかもしれない。

しかしながら、院内感染は医療従事者にとっても患者にとっても非常に不幸なことであるので、何か対策がないかと考えてみた。ただし、筆者は感染症対策の専門家ではないので、アメリカをはじめとする海外の状況を精査したうえで、そこから学べることをご紹介したい。

2020年4月頃から爆発的に感染が増加したアメリカではどうだろうか。アメリカでは院内感染について集計されたデータはなかったが、ニューヨーク州では感染者や死亡者の数が非常に多く、医療機器や防護服などが足りないという状況も報告されており、日本とは状況があまりに異なるので、アメリカ西海岸に注目してみた。

医療従事者についての報告があったので、まずは、少し古いが2020年4月上旬のアメリカの状況を報告しておきたい。4月9日時点で5512名の新規感染者が発生しており、そのうち約21%に当たる1137名が医療従事者であった。[7] また4月8日には、カリフォルニア州で299人の医療従事者が感染した。その他の州における医療従事者の感染は、アラバマ州では393人、アーカンソー州では158人、アイダホ州では143人、マイネオ州では97人、ニューハンプシャー州では241人、オクラホマ州では229人、オレゴン州では153人、ペンシルベニア州では850人、ロードアイランド州では257人、ウェストバージニア州では76人などであった。

ただし、これらの医療従事者が医療機関内で感染したのか市中で感染したのかは、日本ほど詳細にトラッキングをしていないアメリカにおいてははっきりしない。むしろ、UCデイビス・メディカル・センターのCEOは、「職員の感染は、院内感染より市中感染が多いのではないか」と主張している。[8] これは、訴訟社会であるアメリカでは、イタリアのように非常に多くの医療従事者が感染し、しかもそれが院内感染であるとなれば、病院の責任を強く問われることになるからかもしれない。一方で、そうであるからこそ厳重な体制をとっているとも言える。

なお、上述したような理由もあるのか、アメリカでは院内感染についてはあまりニュースになっていないが、高齢者施設がクラスター化している例の報告は多い。[9] そこでは、2020年4月の時点で全米の死亡者の5分の1を占める約7000人が死亡したという。

また、他の国をリサーチしてみると、アメリカ流の医療を取り入れている香港のケースが目についた。２０１９年12月、６週間のリサーチで、香港の43の病院において、１２７５名の感染疑いの患者（うち42名が確定）を取り扱った４１３名の医療従事者において、感染はゼロであったという。[10] ＳＡＲＳ対策の経験が生きていると言われている。もちろん、この他にも防護服入手の容易さなどといった問題もあるだろう。その他に、院内感染を起こしにくくする方法はないのだろうか。

■日本の病院は今後どうすればいいのか

次に、病院経営の視点から考えてみよう。筆者の考えるポイントは二つである。一つは日本の病院が外来者にオープンすぎることである。これは平時においては患者家族などのお見舞いも含めオープンな方がよいと思われるが、まれに見られるように病院内で盗難などの事件も起きることがある。たとえばシンガポールの病院では、外部の人の出入りは厳しく管理されている。またアメリカなどの病院では、患者家族などの外部の人の出入りに加えて、院内に出入りする企業の従業員に医療安全や感染管理などの教育を行い、さらには出入りの際に認証を行っている例も多い。アメリカでの民間による認証制度は、２０００年頃から始まり、入館にあたって医療機関が契約する認証会社の発行する資格が必要になることも多い。異なる対応として、アメリカ有数の病院であるメイヨー・クリニックでも入館に関する規則を定めており、入館には病院からの認証も必要としている。もちろんコロナ禍においては、企業側から病院への入館は自主規制しているが、平時でも患者家族も含めどこまで入館の規制を徹底するかという課題がある。

もう一つは、病院内における豊富な感染症対策の人員である。アメリカでは、感染対策の医師や看護師の数が日本に比べて多い。100人の入院患者に対し、平均1・25人の感染管理担当者を配置している。一方、日本の場合は約7300の一般病院（89万床）における感染管理医師（ICD）・感染管理看護師（ICN）の数は約4460名（ICDは1564人、ICNは2900人。うち病院勤務者は2755人）であり、単純に割れば、病院当たり平均では0・6人、ベッド数100床当たりの平均では0・5人しかいない。これでは、感染管理が行き届かないし、教育も不十分なため、日本では院内感染が起こる可能性はアメリカよりも高いのではないだろうか。

なお、日本の院内感染を批判するためにここでの議論を展開しているわけではない点には、注意してほしい。国難とでも言うべき新型コロナウイルス感染対策について、今後日本で学ぶことはないかを検討するために議論している。その意味では、ここに挙げた二つの対処法はいきなり今日からすぐに実行できるようなものではないかもしれない。しかし、戦時中のような「竹槍で新型コロナウイルスに立ち向かえ」と言った精神論にならないために、他国ではシステム的に院内感染を防ぐための対策がさまざまに行われているということを紹介した。

3　日本での新型コロナ死者数が少ない理由

■医療介護連携

ここで改めて、なぜ日本の死亡者数が先進国のなかでも非常に少ないのかを考えてみたい。第1章でも述べたように、よくメディアで話題になる「医療崩壊」とは、「患者が医学的な必要に応じ入院できないことなど、また医師による適切な診断・治療を受けられないこと」を指す。具体的には、アメリカ、イタリア、ベルギーなどの国で起きたように、1日に死亡者が何百人や何千人にものぼるような状態である。つまり、日本では、救急車が病院を探せずにたらいまわしにされるとか、新型コロナウイルス以外の重症疾患対応の問題などはあるにせよ、医療機関が適切な医療を行える状況であったために医療崩壊は起きていなかったと考えられる。

第1章で述べたように、日本で医療崩壊が起きない理由として、日本には病院ベッド数が多く医療キャパシティが大きい、そしてそこで働く医療従事者のモチベーションが高い一方で、海外の死亡者数が多い主な理由は、医療キャパシティが少なく、医療崩壊が起きたためだと考えている。

それに加えて、日本で死者数が少ない原因がもう一つ考えられる。それは、高齢者施設における死亡者数の差である。よく知られているように、新型コロナウイルスは、高齢者に死亡者数が多い。つまり、高齢者施設でのクラスター発生は相当数の死亡者を産み出してしまう。

イザベラハウス

（出所）筆者撮影。

■諸外国に多い高齢者施設でのクラスター

先にも述べたように、アメリカでは高齢者施設がクラスター化している事例の報告は多い。日系人も多く入居し安倍晋三前首相夫人が訪問したことでも有名で、筆者も訪問したときにホスピタリティ溢れる歓迎のもとで調査をさせていただいたことがある、ニューヨーク州マンハッタン北部の高齢者施設イザベラハウス（写真）で、２０２０年4月末に98人もの死亡者が出た。このうち46人は新型コロナウイルスの感染が死因で、残り52人は「その疑いがある」とされている。イギリスでは、毎日発表している死亡者の集計方法が２０２０年4月末に変更され、介護施設などで亡くなった人数も含めるように修正した結果、数が急増することになった。

そして、表3-1にあるように、福祉国家として多額の介護費用を賄い、介護者サービス従事者数が多い北欧諸国でも、高齢者施設での死亡者が多い。これは、医療のキャパシティとは異なり、介護のキャパシティが大きいことと、感染による死亡者数が無関係であることを示す。高齢者施設での死亡者の多寡を左右するものとして、キャパシティ以外の原因があるはずだ。

表3-1　介護事情の国際比較

国名	対GDP比の公的な介護費用(2017)単位：%	1000人当たり(2017)介護ベット数(うち病院)単位：床	介護ベッド数(病院と施設ともに)2007年から10年間の変化単位：%	65歳以上の100人当たり介護従事者数(2017)単位：人
日本	1.8	33.6(約30%)	-6	5.9
ノルウェー	3.3	46.2(5%以下)	-13.9	12.7
スウェーデン(ストックホルム周辺)	3.2	71.5(5%以下)	-1.5	12.4
フランス	1.9	53.5(10%以下)	-1.3	2.3
ベルギー	2.1	72.1(5%以下)	(データなし)	4.8
ドイツ	1.5	54.4(0%)	5.4	5.1
韓国	0.6	60.9(約60%)	36.1	3.5

(出所) OECD 2019. 真野俊樹「日本のコロナ死亡者が欧米より少ない理由、高齢者施設クラスターの実態」ダイヤモンドオンライン、2020年5月13日(https://diamond.jp/articles/-/236988)より。

■日本の病院の特徴

日本は制度上、病院が病気への対応のみならず、高齢者ケアへの対応も行うというスタイルをとってきた。一時期批判されたが、「社会的入院」のように高齢者が長期に入院し、病院のなかで生活を送るようなこともあった。もちろんこれは、病院の本来の機能から言えば必ずしも適切とはいえない。その後、2000年に介護保険制度が導入され、徐々にこの状況が改善されつつあった。

日本で医療キャパシティが大きいのは、日本の病院の効率化のための病床削減が進む途中であったためである。この場合も、それと同じことが言える。すなわち、病院が高齢者施設の代わりをしていた背景には、日本の特殊要因があるということである。再び表3-1を見ていただくとわかるが、海外に比べ、日本は病院ではない高齢者施設が少ない。世界一高齢者の比率が高い国であるにもかかわらず、なぜこれで成り立っていたかというと、高齢者が病院に入院していたからである。

もちろん現在は在宅医療へのシフトという議論も出てきているが、高齢者が病院に入院せずに高齢者施設で生活することで生じる問題はあるだろうか。まさに、今回の新型コロナウイルスの感染爆発でわかるように、やはり、海外のように医療との連携が乏しいまま介護者中心でケアをしていると、感染症対策はおろそかになりがちだ。

■病院の歴史の違い

ここで、なぜ日本と諸外国では病院の機能が異なっているのか、病院（ホスピタル）の歴史から考えてみよう。なお、病院組織の成り立ち自体については、さらに詳しく後述する。

病院の語源は「ホスピタリティ（hospitality）」であるが、さらにこの語源はキリスト教において、巡礼者に対するサポートを指すラテン語の「ホスピス（hospes）」から始まっている。つまり、巡礼者が怪我や病気をしたときのサポートを指していたので、急性期の病院機能が中心であった。現在でも「ホスピス」は療養、そこから分化した「ホスピタル」は急性期医療を専門に行う役割になった。ちなみに、日本ではホスピスの数も少ない。

海外の病院では、巡礼者は怪我や病気が治れば、自身の目的を果たすためにすぐに立ち去るのが通例であった。宗教的な病院が多いのも、こうした歴史的背景のためと考えられる。一方、アジアでは巡礼のような概念は弱く、アジアのなかでも先進国である日本においては、病院機能はあくまで病める者に対してのサポートであり、病めるものが必要としている機能をすべて提供するという視点に立っている。歴史を振り返ってみても、江戸時代の「赤ひげ」医師で知られる、日本最初の国立病院とでもいうべき小石川療養所などは、外科的な治療も行ったが、やはり薬を処方するという内科的な対応（「本道」と呼ばれていた）が中心になっていた。そのため、今でいう平均在院日数も長かった。

日本以外のアジアの新興国を見ると、たとえば韓国で国民皆保険が実施されたのが１９８９年であることからもわかるように、日本と比べておおむね30年以上の差がある。そして、最近ではグローバル化の影響もあって最初から欧米的な考え方が導入されているため、日本のように長期で入院するという思想が比較的少ない国も多い。

このように、高齢者ケアをも対応するというように病院の機能が諸外国と異なっていたのが日本の特性とされ、それを是正していこうというのが近年の流れであった。

■コロナ禍での日本の幸運

このような背景に加えて、国民皆保険によって高齢者の自己負担がきわめて低かったこともあり、患者に必要とされる期間あるいは患者が望む間は、病院で面倒を見るという「社会的入院」が生まれることになった。この点も影響して、日本では病院以外の高齢者施設数が増えず、現在では社会的入院はほぼなくなったとはいえ、病院がその機能を代用していた。変化が起きたのは２０００年に介護保険制度が施行されてからであるが、それを境に一気に高齢者施設数が増えたわけではない。現在、現場では医療介護連携が叫ばれ、医療と介護の連続性が比較的保たれている。

ところが、新型コロナウイルスの感染拡大に対しては、高齢者施設が少ない、あるいは高齢者施設における医療の役割が大きかったことが、日本に幸いした。たとえば、介護保険施設である介護老人保健施設には医師は常駐しているし、特別養護老人ホームにおいても医師が定期的に診察に向かう契約を結んでいる。その他の高齢者対応の施設であっても、訪問診療が行われるなどして医療の役割が充実している。一方、アメリカなどでは、医療サービスがついている「スキルドナーシングホーム」と言われる高齢者施設には医師や看護師もある程度関与するが、通常の高齢者施設である「ナーシングホーム」などでは医療の関与は少ない。

話を元に戻すが、おそらく日本の高齢者施設に新型コロナ感染のクラスター発生が少なく、諸外国と比べて高齢者の死亡者数も少ない理由は、介護施設従事者が必ずしも得意ではない感染管理に対して、医療従事者の関与が密接であったことが大きいのではないだろうか。ちなみに、医療崩壊を起こさずにピークアウトした韓国は、近年の急速な高齢化に伴い、高齢者対応施設を36・1％増加させているが、そのなかで療養病床を急速に増加させ、高齢者対応に占める病院の割合は70％と世界最大である。[11]

このように、日本で新型コロナによる死亡者数が少なかった要因として、医療キャパシティが大きく医療崩壊が起きにくかったことに加え、医療の範囲が介護分野にまたがっていることも指摘しておきたい。もう一つは、スウェーデンなどにみられるように、高齢者施設から病院への搬送が少ないことが想像される。筆者が訪問調査したときにも、高齢施設では発熱くらいでは病院に搬送しないのが普通だそうで、したがって肺炎の正確な診断はできない。ＩＣＵへの入室も基準が厳しく、高齢者はＩＣＵでの治療を受けることが難しい。

4　なぜ公立病院に赤字が多いのか？

■日本の公立医療組織

コロナ禍で、それ以前では非効率であるとして再編や統合の矢面に立たされていた公立あるいは公的病院の役割が、特に感染症対策の視点では重要ではないかと議論されるようになってきている。先ほど述べたように、地域医療構想という形で、2025年に向けて医療機関の適正配置が考えられ、そのなかで再編が検討されていた。「公立病院」は、都道府県や市町村が開設する病院で、「自治体（立）病院」とも呼ばれる。2019年の日本の病院約8300のなかに、[12]公立病院（国立病院や独立行政法人を除く）は約800ある。公立病院は規模が大きな病院が多く、なかでも急性期医療における割合は大きい。

しかし、医師不足による機能不全、あるいは赤字経営などの点で、批判にさらされるようになっている。先に述べたように、このような流れのなかで地域医療構想が生まれたのであった。赤字経営となる理由の一つとしては、救急医療、へき地医療、地域がん診療などの不採算部門を抱えていることが挙げられるが、ここでは、公立病院について組織論の視点で考えてみたい。

組織や組織行動の管理には、「組織全体レベルでの管理」と「組織内の個人や小集団レベルでの管理」の二つがある。前者は、経営組織論あるいは経営戦略論の一部で語られる領域であり、組織構造論と言われることもある。後者は労務管理論ないし人的資源管理論と呼ばれる領域で、組織行動論と言われる。前者はマクロ組織論とも呼ばれ、組織が顧客、供給者、政策当局の行動に対応してどのように組織構成や活動を変更し、またそれがどのような結果につながっていくのかを分析する。

■日本の病院組織の成り立ちと医療政策

日本で最初の病院と言われているのは、1557年に医師でもあったポルトガルの宣教師ルイス・デ・アルメイダによって大分県に開設されたものであり、外科、内科、ハンセン病科を備えていた。これが、西洋医学が初めて導入された場所とも言われる。

その後、日本の病院組織の成長は二つのルートをたどる。一つはトップダウン、すなわち政策的に広がったもので、これは国立病院を中心に、占領政策の一環として行われた。具体的には、国立東京第一病院（元東京第一陸軍病院）を東洋における真の最高模範病院を目指すものとし、それに病院管理に従事するものの養成機関を附属させた。現在、国立保健医療科学院に統合された国立医療・病院管理研究所は、この流れを汲む。そして、感染症対策を中心にし、全国に公立・公的病院がつくられていく。つまり歴史的に見て、今回のコロナ禍のような感染症対策の役割は、公立・公的病院が担ってきたのである。

もう一つは、医療法人が大きくなり、病院となっていったものである。そして、ヨーロッパとは異なり、日本ではこちらが主流となった。医療法人制度は、日本に独特な制度で「医業の非営利性を損なうことなく法人格を取得することにより、資金の集積を容易にし、医療機関の経営に永続性を付与し、私人の医療機関経営の困難を緩和するもの」として、1950年8月、「医業経営の安定と永続性の確保」を目的として施行された制度である。

■病院の歴史と分類

上述した国立医療・病院管理研究所に在籍していた一条勝夫は、著書『日本の病院』で開設者と開設目的から病院を次のように分類している[13]。すなわち、行政型、慈善型（宗教型）、自衛型、直営型、営利型である。以下では同書を参考に、日本の病院を歴史と開設主体から分類してみよう。

行政型病院とは、国立や公立病院が代表であるが、独立行政法人の病院も含まれると考えた方がいいであろう。「医療施設の整備は住民の健康と生命に関わる最も重要な事項であり、住民が診療を受けられるよう施設を整備しなくてはならない」という視点で、行政主体で行われるものである。

慈善型（宗教型）病院とは、布教活動の一環あるいは、その信奉者によって建てられる慈善的な病院である。たとえば、済生会病院は明治天皇による貧困者の救済のための下賜金をもとに、全国からの拠出で開設された慈善型施療病院である。

自衛型病院とは、欧米でのコミュニティ・ホスピタルのように、地域住民が自分たちの医療施設をつくる例である。日本では、古くは産業組合、現在は厚生農業協同組合連合会（厚生連）の経営する診療所、病院（農協病院）は、農民の医療と健康管理を目的とするものである。鉄道病院、逓信病院、専売局病院など公社と言われた事業体の経営する病院、国家公務員共済組合、公立学校共済組合、事業所の健康保険組合の病院などもこれに入るわけだが、現在では組合員等以外にも開放してお

表３－２　医療事情の国際比較

	日　本	アメリカ	イギリス	フランス	ドイツ
提供主体	「私」中心（医療法人・病院の約68.5％：2017年、医療施設調査）	「私」中心（営利会社は約22％：2016年）	「公」中心（ほぼすべて公立）	「公」中心（営利病院は約33％：2017年）	「公」中心（営利病院は約43％：2017年）
ファイナンスの主体	公（保険料＋税）	私（高齢者、子ども、低所得者は公）	公（ほぼ税金）	公（ほぼ保険料、税金は10％以下）	公（ほぼ保険料、税金は10％以下）

（出所）OECDヘルスデータ（2019年）より。

り、自衛的な性格はほとんどなくなってしまっている。

直営型病院とは、前述した医療法人がその代表で、診療所を開業した医師が病院まで建て、その経営者となっていった病院である。個人立の場合も少し残っている。

営利型病院とは、株式会社立の病院である。医療法では営利を目的とした場合は病院の開設許可を与えないが、医療法創設以前の病院のいくつかはこの形態をとっている。会社立の病院は、元来は従業員の健康管理と医療を目的に設立されている。これは、自由診療時代に、契約で診療を受けられること、健康管理など病院としての採算になじまないサービスを提供することを目的としたものであったが、自衛型病院と同じで現在はその機能はほとんどなくなっており、通常の病院として機能している。

現在問題になっているのは行政型病院である。表３－２に示すように諸外国、特にヨーロッパでは多くの病院が行政型（公）である。以下では行政型病院のメリット、デメリットについて詳しく見ていくが、特に日本では、公立病院に赤字病院が多くデメリットが指摘され、その存在意義が問われつつあった。ただ、今回のコロナ禍で様相が変わった。こうした行政型病院の方が、今回のコロナ禍で機能を発揮しやすかった、あるいは発揮した病院が多かったからである。

5　公立病院が抱えるジレンマ

■官僚組織のメリット

さて、公立病院には赤字が多いのは、組織の問題なのだろうか。公立病院の運営母体である自治体組織は、官僚組織として運営されている。「官僚制」という言葉は、ドイツの社会学者マックス・ウェーバーが提唱した概念で、大規模組織が不可避的に発展させていく合理的な構造特性を意味し、個人と個人の人間関係など非合理なものを徹底的に排除したものである。こういったアプローチを「構造的アプローチ」というが、この理想はある意味では軍隊的な組織である。したがって、有事の際には非常に強みを発揮する。

また最近、医療の世界でも訴訟が多くなっているが、小さな会社や病院であれば訴訟の金額や勝敗によっては組織の存亡につながることもあるだろう。そういった意味では、官僚組織は安心である。しかし、これは逆に官僚（組織）は民間がリスクをとれない仕事をすべき、という視点にもつながる。コロナ対策の医療はこの代表例だろう。

■ 官僚組織のデメリット

本当に効率（ここで言う効率とは、上意下達の徹底といった意味での無駄のなさ）だけでよいのだろうか、もっと人間的な側面が大事ではないだろうかと、合理的な構造的アプローチへの反動として生まれてきたのが、有名なホーソン工場での実験である。これは、ハーバード・ビジネススクールとウェスタン・エレクトリック社の共同研究の結果から生まれたものである。ウェスタン・エレクトリック社のホーソン工場で、１９２７年から１９３２年の約5年間にわたり作業者の生産性を向上させる要因を追求する実験を行った結果、職場においては、リーダーシップのスタイルや、監督者や同僚から受ける関心といった人間関係が、作業効率を高める動機づけの要因として重要であるということが提唱された。

それまでの構造的アプローチは組織全体を分析単位とし、人間関係といった非合理なものを排除していたが、ホーソン工場の実験では、個人と小集団を対象に人間の能力や行動を分析し、人間関係など人間的要因の重要性を強調したところに新しさがあった。

この方法は、「動機づけアプローチ」と呼ばれ、構造的アプローチと対比される形で、組織が目標を達成するための一つのアプローチになってきている。このような考え方に官僚組織は弱い。この点で、効率的なはずの官僚組織が逆に効率的でないということになってしまう。また、担当がよく代わってしまうといったこととあいまって、多様化した患者の要求に迅速に応えられないといったデメリットを持つ。

次に少し話題を変えて、「サービス」という視点から、公立病院の組織について考えてみよう。

■公共（行政）サービスの視点

私たちの日常的な生活が成り立つためには、さまざまなサービスが必要である。たとえば、水道、電気、電話、教育、衛生、医療、福祉、治安、交通、裁判等々、無数にある。こうした公共的サービスの重要性が高まってきた。問題なのは、こういった仕事の多くがサービスだという点である。

ここで、サービスとは何かを考えてみよう。各々の財を、「効用の源が物質財か非物質財か」「効用の源に所有権の移転があるかないか」で分類すれば、サービスは、効用の源が非物質財で、所有権の移転がないものに属する。

結局、サービスの授受は行為の授受であるがゆえに、生産と消費が一体化しており、さらに売り手から買い手への所有権の移転がなく、売り手と買い手の間に相互制御関係が生じる。つまり、交換プロセスを考慮しなければならないということである。この点に、サービスの特徴がある。

価値観が多様化した消費者へのサービス提供という点では、官僚組織はメリットが生かされる場面は多くない。そこで、２０００年代のいわゆる小泉改革で「民にできるものは民に」という形で、市場開放と公共サービスのスリム化ありきの「小さな政府」論が展開されるようになってきたのである。

■ストリートレベルの官僚制と行政サービスのジレンマ

市民に直接接する準専門職、たとえば警察官など現場での裁量権が強い官僚は、「ストリートレベルの官僚」とも呼ばれ、この官僚制のもとではクライアントに対する支配が構築されやすい。

まず、よく指摘される行政サービスのジレンマを簡単に述べると、これは、対人サービスの無限可能性（非定型性）と行政資源の有限性（不足）との狭間に生じる矛盾を、ストリートレベルの官僚が、サービスの定型化や対象者の選別化でしのごうとするところに生じるジレンマである。こうしたストリートレベルの官僚の対応は、対人サービス本来に求められる個別対応性などからすればサービスの悪化になってしまう。しかし、もとはと言えば、有限な行政資源（資金や時間や制度）のなかで、なんとか対人サービスの無限可能性（非定型性）に応じようとする努力から（よき意図）、この「サービスの悪化」（意図せざる結果）が生じるとも考えられ、今回のコロナ禍などのように、有事の対応時に求められるものである。

さらに、ストリートレベルの官僚制は、役所と社会あるいは消費者との接点でのみ生じるものではない。たとえば、「どちらの担当かわからない仕事」が生じたとき、それぞれの部署は「その担当はうちじゃない」と主張するかもしれない。これは、官僚制が縦割り組織になっているがゆえの弊害と言える。また、予算が決まっており、付加価値について新たな対価をもらうことができないための問題点とも言える。その意味では、すでに述べたように、公定価格である日本の病院においては、公立病院のみにあてはまる問題ではないのかもしれない。

リプスキーの著書『行政サービスのディレンマ』に基づいてこれらの問題点を整理すれば、行政サービスは機械的にはできないので、人間＝ストリートレベルの官僚が必要となり、市民応対に立つ（サービスを提供する）役人すなわち、ストリートレベルの官僚が中心になる。[14] そのため、彼らには現場で多くの「権限・裁量」が与えられている。しかし一方で、無料の行政サービスには無限の需要が見込まれ、一方供給サイドの行政資源は有限である。つまり、彼らの「権限・裁量」は、慢性的・構造的な資源の不足に制限されており、金銭での資源提供の振り分けができない。公立病院だけではないが、一時期3分診療などと揶揄されたのも、まさにこのためだ。逆に言えば、アメリカの場合には高いお金を出せば長い時間の診察になる。この資源の不足に対応しようとして、ストリートレベルの官僚は、対象者（市民）を制限し、定型的・機械的に扱う。それで市民からは、「お役所仕事だ」「官僚的だ」と言われてしまう。

一方では、行政サービスは労働集約的なサービスなので、コストのうちで人件費の割合が高く、リストラを行えず、年功序列の賃金体系を持つ官僚組織では合理化が進まない。これは、病院のような組織では人件費の高さにつながる。そこで、割高感が生じやすく、高い税金を払っているのに、定型的・機械的なサービスは困る、という市民からの声が生じる。そこで、管理者は、目標設定などでストリートレベルの官僚への管理を強化しようとする。そうすると、管理費・管理コストがかかるので、資源不足がますます激しくなってしまう。

このことは、医療従事者をストリートレベルの官僚と置き換えれば、今の自治体病院の現実を表していると言える。

■補助金の功罪

最後に、公立病院の赤字を補填しているのではと批判されることもある補助金について触れておこう。補助金とは『大辞泉』によれば、「1　不足を補うために出す金銭。2　国または地方公共団体が、特定の事業・産業や研究の育成・助長など行政上の目的・効果を達成するために、公共団体・企業・私人などに交付する金銭。補給金・助成金・奨励金・交付金などの名称がある」とある。

補助金が交付される考え方の一つに、「政策医療」を行っている点がある。政策医療は、必ずしも採算を考えずに行う政策として実施する医療であり、それに対して「一般医療」という用語がある。たとえば、厚生労働省国立病院部政策医療課では、政策医療を次の19分野として位置づけている。すなわち「がん」「循環器病」「精神疾患」「神経・筋疾患」「成育医療」「腎疾患」「重症心身障害」「骨・運動器疾患」「呼吸器疾患」「免疫異常」「内分泌・代謝性疾患」「感覚器疾患」「血液・造血器疾患」「肝疾患」「エイズ」「長寿医療」「災害医療」「国際医療協力」「国際的感染症」である。

一方、自治体病院では政策医療を、「高度医療」「先進的医療」「特殊医療」「へき地医療」という区分にしている。ただ、これら政策医療と一般医療の区分はかなり難しい。ちなみに海外では、病院の建設費や設備投資を補助金で負担する例もある。そうすれば、病院は投資資金の償却に頭を悩ますことはなくなる。

また、アメリカのような市場経済の国では、補助金の代わりを個人の寄付が補っている面がある。たとえば、先にも紹介したアメリカのメイヨー・クリニックでは、ある富豪が200億円近い寄付をして、外来棟ができたという。格差社会と言われるアメリカでは、勝者が社会に貢献するという伝統は強いものがある。

6 コロナ禍と病院

■コロナ禍で悪化する経営状況

ここまで述べてきたように、医療はサービスなので、あるいは公立病院の赤字の問題（補助金含む）があったために、サービス提供者は公から民へという流れがあったが、ほぼすべての病院や診療所が、コロナ禍による経営状況の悪化に直面している。コロナ禍のような平時とは異なる緊急事態において、病院の赤字問題をどう考えるかというのは大きな問題だと思われる。

一つの原因としては、他者との接触を嫌う患者が、医療機関の外来受診を差し控えるようになったということが挙げられる。このために、外来の患者数が減少した。たとえば、『日経メディカル』が、医師会員を対象に2020年6月22日～28日にかけて行った調査では、4325人の回答が得られ、「外来を担当していない」か「昨年同期の患者数との比較ができない」という人を除いた4074人を対象に集計を行った。その結果、一年前の同じ時期と比べて患者数が減っていると答えた医師は全体の46・5％だった。[15] これは、外来収入に頼る医療機関により大きな影響を与えていることを示す。

日本の病院の機能には、外来と入院の二つがある。まずは外来についてであるが、近年、特にベッド数の多い病院については専門外来を中心とし、かかりつけ医的な軽医療に対しての外来を減らす方向にあった。したがって、高度医療を担う病院は、外来収入に対して必ずしも大きな影響を受けていない。一方で中小の外来収入に依存していた病院についてはここが大きな収入源であったために病院経営に大きな影響を与えることとなった。

次に、入院について見てみよう。入院については、コロナ患者を受け入れている病院と受け入れていない病院の二つに分けて考える必要があろう。コロナ患者を受け入れている病院で収入が減るのはわかりやすいだろう。これは、コロナ患者を受け入れるための病床を確保したり、人員を配置したりするために、通常の医療に割く病床や人員が少なくなり、結果的に手術などの本来の収益源である「不急」の医療が後回しになり、病院の入院収入が減るという現象がある。

ただし、コロナ患者を直接受け入れていない病院であっても、近年の医療の機能分化に伴い、病院の機能が高度急性期から回復期病院へ患者が流れていく。その意味では、高度機能を担う病院において「不急」の医療が減ったがために、そこからの患者を受け入れていた病院の患者も減少するという状況になった。このように、「不急」の医療が後回しにされることは、欧州のようにもともと病院数が少なく、手術などでの待ち時間が長い国と異なり、日本のように医療が非常に身近であった国としては驚くべき変化が起きたと言えよう。

一方、「不要」の医療という話もあって、たとえばアレルギー性鼻炎で受診していた患者が病院や診療所の外来に行くことをやめ、市販のOTC（Over The Counter）薬で対応したり、小児がちょっと熱を出したときに医師を受診していたのをやめて家で様子を見たり、OTC薬で済ませたりするような現象も、指摘されている。もちろん、こうした軽症状のなかに重症の病気が隠れている可能性もゼロではないが、超過死亡数がさほど増えていない現状においては、医療制度を揺るがすほどの大問題ではなかったと言ってもいいだろう。

■実際の数字：外来

それでは実際の調査結果を見ていこう。まずは外来である。『日経メディカル』の医師会員3668人を対象に2020年3月13日～17日にかけて行った「日経メディカル Online」の調査によれば、一年前の同時期と比べて患者数が減っていると答えた医師は全体の53・4％だった（図3-3）。調査で、外来患者が「25％未満減っている」と答えた医師は1234人（36・0％）、「25％以上50％未満減っている」は469人（13・7％）、「50％超減っている」は120人（3・5％）いた。「外来機能を停止している」と回答した医師も8人（0・2％）で、半数以上の外来で患者数の減少が起きていることがわかる。

図3-3　1年前の同時期と比べた患者数の変化：2020年3月調査

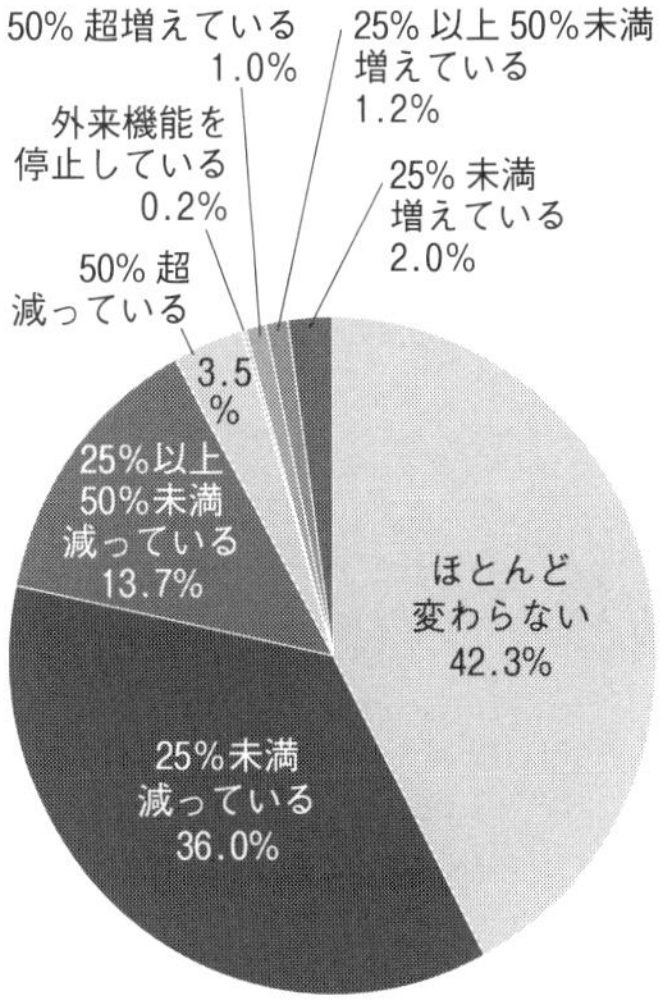

（注）質問「先生が担当している外来の患者数は、昨年同月比で増えていますか？　減っていますか？」に対して、「外来を担当していない、去年と比較できない」と答えた医師244人を除く3424人で作成。

（出所）日経メディカル Online。

診療科で見ると、小児科、整形外科、消化器内科の減少が大きい。これは、小児科においては国としても小児に手厚くという社会

図3-4　1年前の同時期と比べた患者数の変化：2020年6月調査

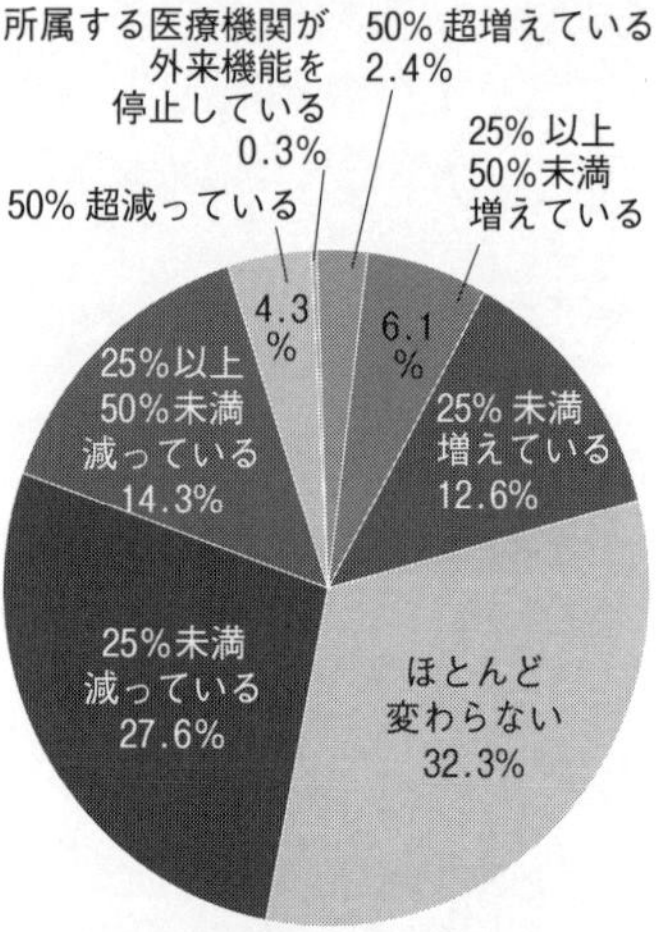

（注）昨年同時期と比べた患者数の変動（6月実施）。「外来を担当していない／昨年と比較できない」と答えた医師251人を除く4074人で作成。
（出所）日経メディカル Online。

保障の方向性もあり、自治体からの自己負担分の補填などもあり、気軽に子どもを連れて医療機関を受診するという状況になっていた。しかし小児の疾患は風邪といった感染症を中心に比較的軽症な疾患が多く、別の感染症にかかるリスクがあるのであれば受診を控えるといった行動に最もなりやすかったと考えられる。

整形外科もリハビリを中心に密な接触が想像されるし、消化器内科は内視鏡検査が内視鏡学会の指導で中止になったことが大きいであろう。

さらに、『日経メディカル』の医師会員を対象に、2020年6月22日～28日にかけて先と同じ目的で行われた調査では、調査年前の同じ時期と比べて患者数が減っていると答えた医師は全体の46・5％であった（図3-4）。

小児科は6月に入っても打撃を受け続けており、「減っている」と「外来停止」の合計は60・7％と最多だった。また、耳鼻咽喉科（60・5％）、整形外科（53・7％）、呼吸器内科（53・4％）、救急科（51・9％）であった。小児科と整形外科は同じ理由と考えられるが、耳鼻科に関しては花粉症の現象の影響、呼吸器内科や救急科はコロナ感染を恐れての軽症患者の受診減少と思われる。

▒実際の数字：入院

日本病院会などの調査によれば全国の病院の利益率は、２０１９年４月は１・５％であったが、そこに新型コロナが直撃し、２０２０年４月はマイナス８・６％になった。[16] そのうち、コロナ患者の入院を受け入れた３割弱の病院でみると、マイナス10・８％だった。

グローバルヘルスコンサルティング・ジャパンが全国約４００病院の３月と４月の医療データを分析したところ、肺炎、ウイルス性腸炎など感染症の緊急入院が大幅に減少したことが明らかになった。[17] とくに４月は、肺炎が前年同月比マイナス78・０％、ウイルス性腸炎はマイナス73・０％の大幅減になったという。

▒格差の拡大とコロナ禍

患者側から別の視点も出てきている。健康格差とは、厚生労働省によれば、「地域や社会経済状況の違いによる集団における健康状態の差」と定義される。[18]「人が病むのではなく、地域や環境（人間関係を含む）が病んでいるから結果として病人が生まれる」という考え方に基づいている。

どこまでを社会と捉えるかにもよるが、われわれの意思決定の一つひとつも自らが下しているつもりであるとはいえ、実際には周囲の環境に影響されていることが多い。そこまで考えれば、健康観も周囲あるいは社会の影響を受けている。身近な例で言えば、夫婦の病気が似てくるといった話もある

図3-5　夫婦の生活習慣病の関係

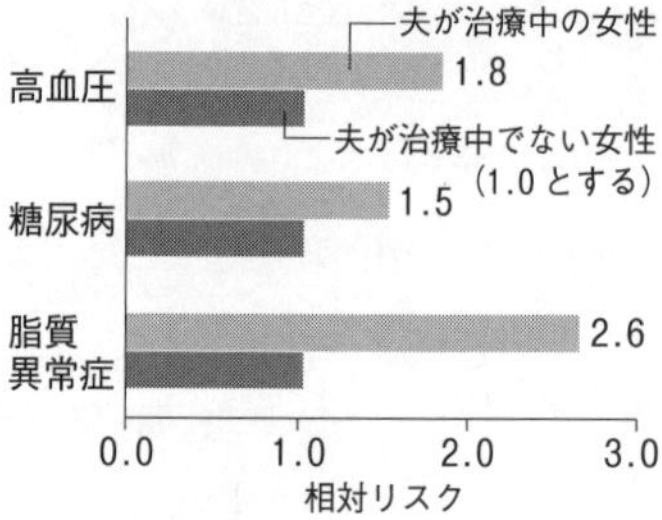

（出所）「夫婦は病気も似てくる？　一緒に生活改善、健診を」47NEWS、2020年10月1日より（筑波大発表資料）。

（図3-5）。

ジニ係数の推移などに基づいて、日本においても格差が広がっていると言われる（図3-6）。一方で、人々の健康も生活によって格差が広がる状況にある。そして、コロナ禍によってこの格差は拡大する可能性がある。コロナ禍によって、職を失う人も増えているからだ。アベノミクスの直接の成果かどうかはわからないが、有効求人倍率は近年増えてきていた。しかし、新型コロナによって、5月は1・2倍、6月は1・11倍、7月は1・08倍と、有効求人倍率は減少の一途をたどっている。また、コロナ禍においてソーシャルディスタンスをとるという意味でも進展しているテレワークも、欧州の例ではあるが、『日本経済新聞』では以下のように述べられている。

「在宅ワークと聞いても貧困や絶望を連想することはない。むしろ新型コロナウイルスの感染拡大で示された通り、ほぼ高所得者だけの特権だ。欧州での調査では、テレワークが可能な人は所得上位20％には4分の3いるが、下位20％では3％にとどまる[19]」

こういった状況で、給与水準の低下に伴い、健康や生活の質が落ちる人が多くなることが予想される。

図3-6　OECD主要国のジニ係数の推移

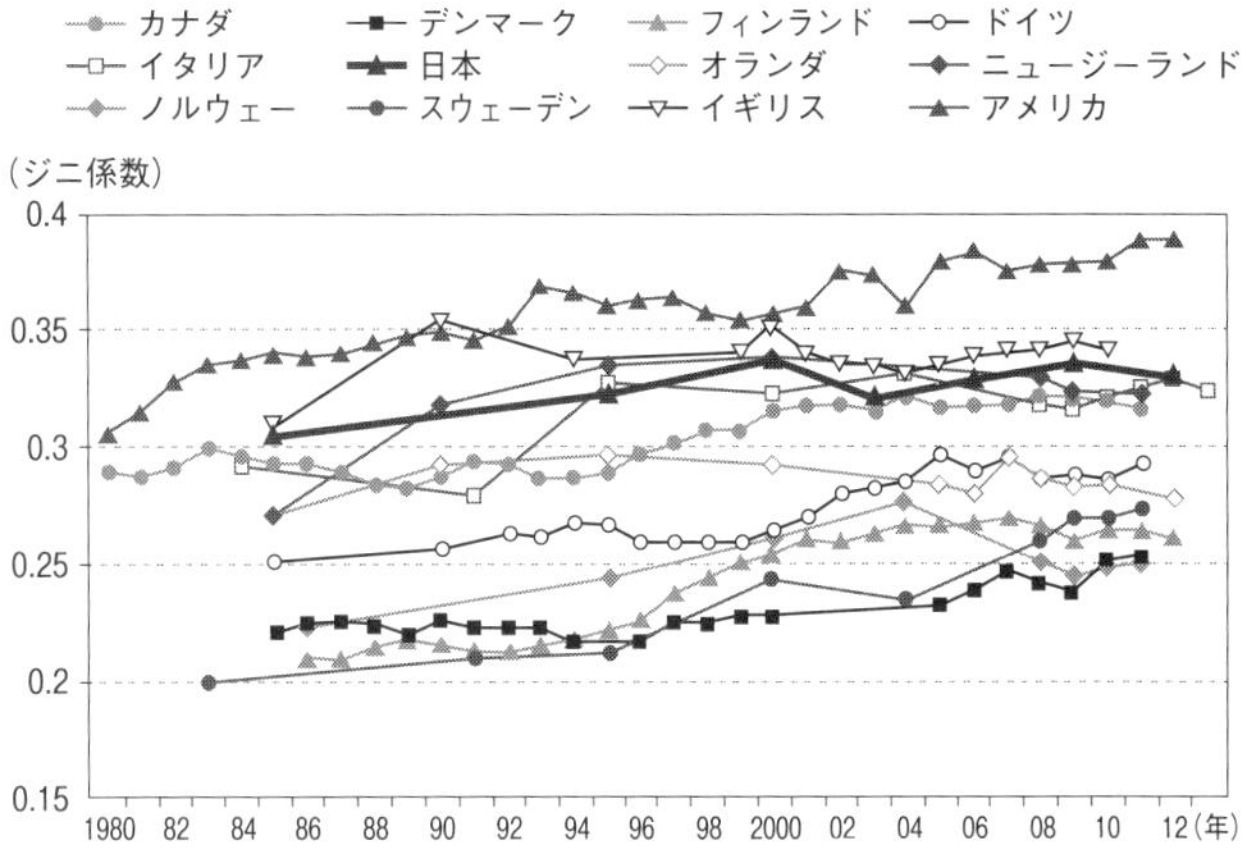

(注) ジニ係数とは、所得の均等度を表す指標であり、0から1までの間で数値が高いほど格差が大きいことを示している。ここでは等価可処分所得のジニ係数を示している。等価可処分所得とは、世帯の可処分所得(収入から税金や社会保険料を引いた実質手取り分の収入)を世帯人数の平方根で割って調整した額。
(出所) 厚生労働省『平成29年版 厚生労働白書』。

■医療提供体制の危機

先進国において人類の最大の課題と考えられていた生活習慣病、およびそれによる合併症、さらにはがん、少し先を見れば加齢によるアルツハイマー病などの疾患について、日本は先進的に対応を行ってきた。

しかし、日本はそういった疾患対策に舵を切っている一方で、感染症対策が忘れられていった。さらにＩＴ化の遅れにより、今回のコロナ禍ではＩＴを使った感染症対策もうまくできなかった。いまだにＦＡＸでデータのやりとりを行っていることなどが白日のもとにさらされてしまった。海外の医療機関、場合によっては発展途上国とされる国の医療機関でも、ＦＡＸを使っているところはほぼ見たことがなく、そうした情報は一部では共有化されていたと思われる。これは、医療レベルは必ずしも高くないが、感染症を押さえ込むことに成功した中国とは対照的である。

ところが、同調圧力が強いという文化的な背景もあってか、あるいはその他の人種的な要因もあるのかもしれないが、日本では新型コロナ感染症対策としてはそれなりの成果を収めていることは間違いない。それは、感染者数、死亡者数の国際比較からも明らかである。しかし本章で述べてきたように、コロナ対応により医療提供体制はかなりのダメージを受けた。コロナ禍により、この点を今後どのように考えていくかという大きな課題を突きつけられたと言えよう。

注

1 日本病院協会「２０１８年度病院経営定期調査の概要」(https://www.ajha.or.jp/news/pickup/20190215/news08.html)。
2 ボストンコンサルティンググループ医療機関チーム（２０２０）。
3 日本医師会『改定診療報酬点数表参考資料（令和２年４月１日実施）』(https://www.tokyo.med.or.jp/download/kaitei2020_03shiro_zentai.pdf)。
4 帝国データバンクより。
5 世古口（２０１４）、後藤（２０１７）、塩谷（２００３）。
6 「抗がん剤、同効果なら安い方を使用　薬価抑制へ　日赤医療センターが方針」産経ニュース、２０１６年７月22日。
7 “Numbers Lacking on COVID-19-Infected Healthcare Workers” (https://www.medscape.com/viewarticle/928538).
8 “Medical employees say they’re getting COVID-19 on the job. Here’s why hospitals push back” (https://www.sacbee.com/news/local/health-and-medicine/article241692061.html).

9 “State says 47 long-term care facilities now on COVID-19 cluster list”（https://www.iberianet.com/news/coronavirus/state-says-47-long-term-care-facilities-now-on-covid-19-cluster-list/article_4db0aa3a-743f-11ea-ba0a-1fc690e0550e.html）.

10 “Protecting healthcare workers from COVID-19: Infection control works”（https://www.medicalnewstoday.com/articles/protecting-healthcare-workers-from-covid-19-infection-control-works）.

11 ＯＥＣＤヘルスデータより。

12 厚生労働省「医療施設動態調査（令和元年５月末概数）」（https://www.mhlw.go.jp/toukei/saikin/hw/iryosd/m19/is1905.html）。

13 一条（１９８２）。

14 リプスキー（１９８６）。

15 「いまだに46・５％で患者減、60％が減少の診療科も」『日経メディカル』２０２０年７月９日（https://medical.nikkeibp.co.jp/leaf/all/report/t344/202007/566334.html）。

16 日本医療法人協会・全日本病院協会・日本病院会「新型コロナウイルス感染拡大による病院経営状況緊急調査（最終報告）」２０２０年５月27日（https://www.hospital.or.jp/pdf/06_20200527_01.pdf）。

17 グローバルヘルスコンサルティング・ジャパン「新型コロナで下痢や嘔吐の緊急入院７割減（ＧＨＣ調査）　全国２４２急性期病院の４月データを分析」２０２０年６月24日（https://prtimes.jp/main/html/rd/p/000000006.000046782.html）。

18 厚生労働省『健康日本21（第２次）の推進に関する参考資料』（https://www.e-healthnet.mhlw.go.jp/information/21_2nd/pdf/reference.pdf）。

19 「［ＦＴ］在宅就労　もう一つの現実」『日本経済新聞』２０２０年９月21日付（https://www.nikkei.com/article/DGXMZO64023580Y0A910C2TCR000）。

第4章 医療職の危機

1 医療職の変化

■医師は最強の資格

医師は今まで、国家資格として最強だと言われていた。その所以は、人から尊敬され感謝される仕事であると同時に、弁護士や公認会計士など並び立っていた国家資格においては近年収入が減少しているにもかかわらず、医師は依然としてかなりの高収入を維持しているという点にある。

しかし、変化が起きてきた。隣の国の例を見てみよう。韓国では、2020年8月26日に大規模な医師（主に研修医や医大生）のストライキが起きた。医師らが反発しているのは、政府と与党が7月23日に発表した医療政策の方針に対してであった。深刻化している地方の医師不足対策のために、現在3058名の医学部の定員を2022年度から10年間で計4000人増員することや、公立の医大

図4-1　医師数の推移

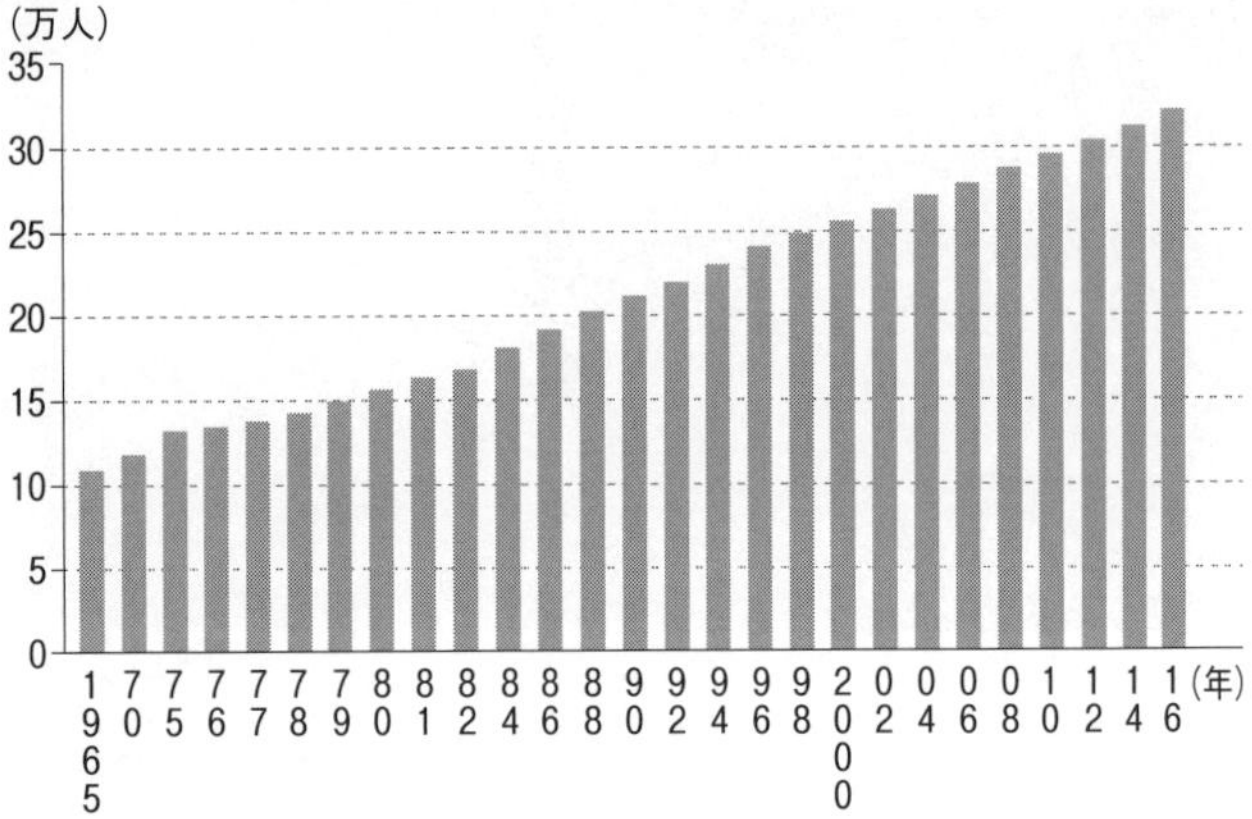

（出所）日本政策投資銀行／日本経済研究所（2020）より（厚生労働省「医師・歯科医師・薬剤師調査」1996～2016年）。

の開校などが示されていた。

ストライキにより、全国3549カ所の医療機関が休診したうえ、大学病院などの研修医の8割以上に当たる約6700人がストライキに参加し、手術が延期になるなど大きな影響を及ぼした。

韓国は日本と比べると、自由診療の範囲も広く、医療ツーリズムなどを積極的に行っており、医療が社会保障の範疇から産業の範疇へと大きく踏み出している。日本同様に、株式会社の病院開設は認められていないが、中小病院の倒産なども多く、収入も含め日本に比べると医師の立場は厳しい。そういったことを反映して、医師数増加に反対のストと思われる[1]。

■医療従事者の増加

医療従事者は増加している。図4-1と図4-2に、近年の医師数と看護師数の推移を示している。すでに2018年時点で医療従事者数は823万人であり、全就業者の12・5%になっている。医師国家試験合格者も9000人を超え、少子化に伴い就労者における医師の割合が増加している。身近に医師などの医療従事者の知り合いが増えているのではないだろうか。また、『週刊ダイヤモンド』『週刊東洋経済』などのビジネスパーソン向けの週刊誌にも、医師自体の特集が組まれていることがよくある。「医師自体」とは、医師の生活や医学部への進学やその実態などについてであり、ビジネスパーソン向けの雑誌であるにもかかわらず、医療や健康に関する特集ではないことが特徴である。逆に言えば、こういった記事に関心を持つ人が増えているということであろう。

図4-2　看護師・准看護師数の推移

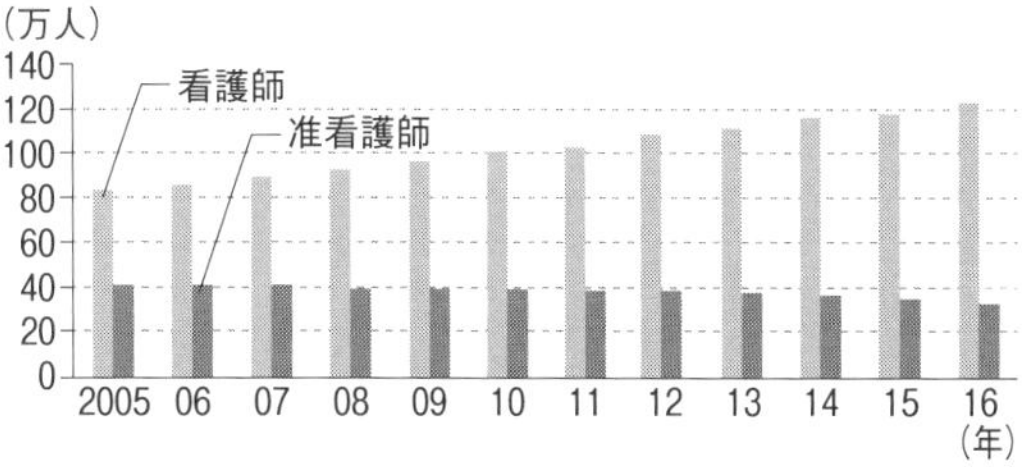

(出所) 日本政策投資銀行／日本経済研究所 (2020) より (日本看護協会出版会「看護関係統計資料集」2013〜2017年)。

一方、医療側も様子が変わってきた。以前であれば、聖職という立場で、自らの腕を磨くことに専心し、時間外労働に代表される労働者的な概念はなかった世界である。たとえば、筆者が勤務医であった20年ほど前には、「医師は管理職扱いなので労働者ではない」という都市伝説のようなもので説得された覚えがある。そのときには、時間外手当は20時間分しかもらっていなかった。実際の勤務時間は100時間を優に超えていたと思われる。

■医師は特殊な職業ではなくなった

日本を代表する産業である自動車産業では、539万人が雇用されており、日本全体の雇用者の約10％にものぼる。[2] 市場規模も業界動向サーチでは２０１９年の規模は69・６兆円である。[3] 一方、医療・福祉の業界は成長を続け、２０１７年の雇用者数は７８６万人、２０１６年度の国民医療費は41兆２８６５億円、介護給付費は９兆６９２４億円、さらに経済産業省によればヘルスケア産業が２０１６年が25兆円と、これらを市場とみれば、もはや自動車産業を上回る規模となっている。

また、大学入学者が49万８２９２人のうち医学部定員数は９４２０名である。[4] つまり、大学入学者数の１・89％が医学部に入学している計算になる。厚生労働省によれば医師の総数は31万９４８０人なので、[5] 人口比では必ずしも多いとは言えないかもしれないが、若いインテリ層のなかではかなりの数を占めている。

さらに、近年働き方改革の動きも伴い、医師も労働者であるという認識を持つ人が増えてきた。これはある意味、時代の流れで当然とも言えるが、それに伴い、言葉を選ばずに言えば、医師自身が俗世間化している様子も見られる。また一方では、医師も自分たちと同じ労働者であったのかと、それ以外の人々が身近に感じる場合も多いであろう。

医師数が少なかった時代には、病院で医師の診察を待ち、長蛇の列ができた。それに比べて現在では、街の開業医を受診する際にはさほど混み合ってはいないだろう。医師の働き方改革で、医師の労働時間の多さが話題になっているが、かつては一カ月のうち半分以上は病院に泊まり込みで患者の診療をするようなことも普通であった。そうでなければ回らなかったのである。

こうした点を考えれば、医師数が増えて、俗世間化していくのも悪いことではない。また、もう少し前向きな話としては、まだまだ不十分な面はあるものの、夜間の救急の充実も医師数が増加している賜物であろう。

■医師の偏在

ただし、医師の適正な数については難しい。以前に拙著でも述べたが[6]、患者の立場から言えば医師が多い方がもちろん望ましい。ただ一方では、「出来高払い」の日本の場合はイギリスなどと異なり、医師は担当している人員基準で評価されるのではなく、患者を多く診察することで評価される仕組みになっている。これは、患者の立場から見れば医師が気軽に患者を受け入れてくれるということでもあり、医療が身近であるということにつながる。しかしながら、それが効率的であるかどうかはわからない。もちろん、医療の世界で効率一辺倒が問題だということは、今回のコロナ禍以前から指摘されてきた。この点は、拙著『入門 医療政策』でも述べた通りである[7]。

日本の医療の場合、医師の数が足りないことで問題とされるのは、一つは医師の偏在、もう一つは病院の勤務医の過重労働問題である。まずは、医師の偏在の問題から見ていこう。医師の偏在は、厚生労働省も以前から重視しており、以下で述べるような政策を出している。

厚生労働省は、地域間の医師偏在度合いを表すため、従来の「人口10万人当たりの医師数」に代わる新たな医師偏在指標を2019年3月に示した。これは大まかに、①医療需要、人口・人口構成と変化、②患者の流出入、③へき地などの地理的条件、④医師の性別・年齢分布、⑤医師偏在の種別(区域、診療科、入院/外来)、という五つの要素をもとに算出したもので、全国の三次医療圏(都道府県）と二次医療圏それぞれで、指標の上位三分の一に該当した地域を「医師多数区域」、下位三分の一の地域を「医師少数区域」とした。また、医師偏在指標を参考に、外来医療機能に特化して算出した「外来医師偏在指標」も示されている。こういった方策に基づいて、たとえば公立病院の院長になるためにはある程度の地域医療を経験していなければならないなどの規制を打ち出しているが、医師の偏在の解決にはほど遠い。

医師の偏在としてもう一つ目を向けなければならない問題に、診療科ごとの偏在がある。これに対しても、具体的な政策は打ち出せていない。ここを対策しようとすれば、必ずしも現在の専門でなくてもその診療科を標榜できる「自由標榜制」を導入する形でメスを入れなければならず、海外で見られるように成績順に診療の科目を選ぶなどといったかなり大胆な方策も必要となるため、政治的に難しいと考えられているのだろう。

次に病院の勤務医師の過重労働問題であるが、これは本章でも随所で触れる働き方改革という形でかなり強制的に行われており、次第に解決に向かっている。

2 医師の働き方、稼ぎ方の変化

■医療ベンチャーの隆盛：ドクトレプレナーの出現

筆者の立場としては、医師はやはり本業で稼いでほしい。ここで言う本業とはもちろん医療現場が中心だが、医療周辺の企業やベンチャーなども含んでいる。もはや保険診療内ですべての医療が完結するとは思われず、すでに予防医療なども含めて、医療周辺に医師の働く場が広がっているのは間違いないからだ。患者にとっても、不動産投資や株式投資に精を出す医師よりも本業で頑張っている医師に診察してもらうほうが幸せだと思われるし、医師自身もそのほうが幸せではないだろうか。

そのような医療の広がりを反映してか、筆者も以前から主張しているように、「医師は目の前の患者に対しての責任だけではない」といった考え方を反映した動きも見られるようになってきた。特に東京大学や慶應義塾大学の医学部に多くみられるが、医師でありながら起業をするという動きである。

これはアントレプレナーならぬ「ドクトレプレナー」(医師起業家)と呼ばれ、東京大学や慶應義塾大学などの総合大学の強みも相まって、医学部以外の仲間も交えて起業している例も多い。医師だけでは偏りがちな視点も、他学部の人々と一緒に経営することでより洗練されたものになる可能性があり、この動きはおもしろい。

筆者もかなり前の著書で、医師の医療外での可能性について述べたことがある。[8] その具体的な成功例として、医師で上場企業の社長になっている人も現れてきている。当然、医師がこうした会社に就職するということもあろう。この著書で述べたのは、筆者が1995年頃にアメリカに留学したときに経験したことであるが、まさにその状況が現在の日本に起きてきていると言ってもいいかもしれない。表4-1のように、医師を含む医療従事者の数は、2040年には全就業者の20%弱になるという政府の予測が示されている。医師を含めた医療従事者の閉塞感もあわせて考えると、やはりこれか

および就業者数

計画ベース		
2018年度	2025年度	2040年度
132	132	140
783	794	753
104	121	162
46	57	76
353	427	509
823 [12.5%]	931 [14.7%]	1,065 [18.8%]
309	322	328
334 (200)	406 (245)	505 (305)
12,618	12,254	11,092
7,516(59.6%)	7,170(58.5%)	5,978(53.9%)
2,696(21.4%)	2,471(20.2%)	2,155(19.4%)
4,232(33.5%)	4,163(34.0%)	3,387(30.5%)
3,561(28.2%)	3,677(30.0%)	3,921(35.3%)
1,800(14.3%)	2,180(17.8%)	2,239(20.2%)
6,580	6,353	5,654

者数は、ある月における介護サービスの利用

その他の福祉分野の就業者数等を合わせた推
る者以外に、間接業務に従事する者も含めた
職員の数。なお、介護職員数は、総合事業

障の将来見通し（議論の素材）」2018年5月21

表4-1　医療・介護の患者数・利用者数

			現状投影		
			2018年度	2025年度	2040年度
患者数・利用者数等（万人）	医療	入院	132	144	155
		外来	783	790	748
	介護	施設	104	129	171
		居住系	46	56	75
		住宅	353	417	497
就業者数（万人）	医療福祉分野における就業者数		823 [12.5%]	933 [14.7%]	1,068 [18.9%]
		医療	309	327	334
		介護	334 (200)	402 (241)	501 (301)
人口（万人）	総人口		12,618	12,254	11,092
		15〜64歳	7,516 (59.6%)	7,170 (58.5%)	5,978 (53.9%)
		20〜39歳	2,696 (21.4%)	2,471 (20.2%)	2,155 (19.4%)
		40〜64歳	4,232 (33.5%)	4,163 (34.0%)	3,387 (30.5%)
		65歳〜	3,561 (28.2%)	3,677 (30.0%)	3,921 (35.3%)
		75歳〜	1,800 (14.3%)	2,180 (17.8%)	2,239 (20.2%)
	就業者数		6,580	6,353	5,654

(注) 患者数はある日に医療機関に入院中または外来受診した患者数。利用者数であり、総合事業等における利用者数を含まない。

就業者数欄の「医療福祉分野における就業者数」は、医療・介護分に、計値。医療分、介護分ともに、直接に医療に従事する者や介護に従事す数値である。［　］内は、就業者数全体に対する割合。（　）内は、介護（従前相当及び基準緩和型）における就業者数を含む。

(出所) 内閣官房・内閣府・財務省・厚生労働省「2040年を見据えた社会保日（https://www.mhlw.go.jp/stf/seisakunitsuite/bunya/0000207382.html）。

らは医師も公的保険診療外でもどのように稼ぐことができるかを考えなければならない時代になるのではないだろうか。

■医師の世界の特徴とその背景

筆者も医師の一人なので、その批判は甘んじて受けなければならない立場ではあるが、医師は「変わっている」とか「常識がない」と昔から言われてきた。では、どこが変わっていて、どこが問題なのだろうか。現行の医療制度では、医師の指示が医療の基本になり、医療費を動かす存在であるにもかかわらず、医師自体の行動の分析はあまりなされてこなかった。

筆者は、現在は純粋な医療の世界ではなく経営学教育の現場であるビジネススクールにいるので、経営学の視点から医師の特徴を分析してみたい。医師をどうマネジメントするのが、医療制度の持続のためによいのだろうか。医師は「変わっている」かもしれないが、そこで思考停止するのではなく、そうなった、あるいはそう思われる背景を考えることも重要であろう。

ここで、経営学的に見た医師の特徴、あるいは医師という職業の特徴を見てみよう。2018年にある大学の医学部で女性の受験者が入学試験で差別され、入学者が減らされていたことが発覚して問題になった。このような差別が行われた一つの原因として、卒業後の医師としての働き方が挙げられる。つまり、女性は男性の医師よりもフルタイムで働くことや、いわゆる「ブラックな労働」を嫌がるために数を減らしていたという論理である。人材育成が長くかかるので、教育とOJT（オン・ザ・ジョブ・トレーニング）の研修が一体化してしまっているのである。医学部は教育機関である一方で、卒業後は職場となるが、この二つを一体化して考えるべきではない。しかし、卒業後の教育が非常に長く続く医師の世界においては、卒業後も学生時代を過ごした同じ大学の病院で働く医師が多いため、入学判定の時点で労働者としての適性判断が入り込んでしまい、このような結果になっていたと考えられる。

また医師には、一般の職業人としての、言い換えれば社会人としての基礎知識を学ぶ機会はきわめて少ないかもしれない。経済産業省の言う「社会人基礎能力」[9]を学ぶ機会はほぼないと言ってもいい。

▒経営学から見た医師の世界

これらのことからいくつか独特な行動が生まれる。一つは、具体的には医師向けのブログにも出ているが[10]、感覚としては「マネジメントとして偉くなるよりは一技術者として働いていたい。しかし、医療という重要なことをしているのだから給与はたくさん欲しい」と、いったものである。近年、企業でも管理職になることが嫌われる傾向はあるが、管理職になることが給与の上昇と密接にリンクしている通常の社会人の場合には、よほどの技能がないとここまで主張することが難しい。

同じ文脈だが、いくつかの著書もある女医のオンライン記事では、「当直月10回の産科医は年俸3000万円でも確保することが困難だったりするが、院長の代わりは簡単に確保可能だし、代替可能な人材が安く買い叩かれることは当然だ」といった発言がある。[11]

どちらも、国民皆保険制度のもとでの価格づけに依拠した発言であることがポイントである。要するに、日本の診療報酬制度ではマネジメントは報酬の算定上では評価されておらず、医療行為に対して報酬が支払われるので、現場の医師がそこに最大の価値を見出してしまうのである。一時期、麻酔科の外部委託においても診療報酬にある麻酔診療料には看護師の人件費、病院の場所代も含んでいると病院経営者は考えているにもかかわらず、そのすべてを病院が請求される、という状況が散見されたが、これも同じで、病院側が行っている管理業務やマネジメントが、まったく評価されていないことになる。それ以外にも医師は、通常の組織では許可が必要であったり、他の職種ではなかなか許されない、組織に所属しながら自由に書籍を書いたりＳＮＳで自分の意見を書いたりすることも許可されている。

もちろん、こういった傾向は最近の働き方の多様化の動きのなかでは、最先端とも言えるし、非常に技術が高ければ、あるいは国民皆保険のもとでの価格づけでなければ、このような発言もさらに正当化されるであろう。そして現在の人事制度でも、複線化のキャリアのなかで優れた技術を持った人を優遇する動きはある。しかし現在は、医師不足という需要と供給のバランスの歪みから、このような主張が許されているようにも見える。そして、すでに述べたように医師数をさらに増やすことも、すでに大学入学者の約２％になっている以上、ナンセンスではないか。

一つのイノベーションとしては、「メディカルスクール」の考え方があろう。ビジネススクールやロースクールのようなイメージで、先に通常の学部を卒業し、一般教養を身につけてから医学部に進むという考え方であり、アメリカで採用されている。日本の医療界の識者が一時期主張されていたが、実現可能性の難しさから、近年あまり声が大きくなくなったのは残念である。

■医師の働き方改革への対策

マクロ経済学の視点で見ると、現在の日本で、もしかすると先進国すべてで、需要が不足していると考えられる。であるがゆえに、第2章で触れた最近のMMT（現代貨幣理論）のように、財政を出動して需要を喚起しようといった話が出てくるのである。一方、ミクロな視点で見れば日本においては需要がないわけではない。特にヘルスケアの分野である。超高齢社会になっている日本においては、高齢者自身の医療ニーズ、あるいは「人生100年時代」について、現在の高齢者の様子を見て意識し出した中高年者による予防的な意味でのヘルスケアに対しての関心が増えている。このように、日本において医療やヘルスケアへのニーズは増えているのである。

ここで、改めて働き方改革について考えてみよう。働き方改革の目的はさまざまであるが、一つには働く機会を増やす、言い換えれば人口減少の日本において高齢者や女性にも働いてもらうということを目指すというわけだ。しかしそもそもの根底は、日本において働き手が減っていく問題への対応という意味がある。どちらが先の問題かという議論にはなるが、たとえばコンビニエンス・ストアを24時間営業でなくするということは、かつての若者であれば夜中までコンビニエンス・ストアを利用したが、高齢者が多くなりそのような需要が減ってきた。したがって、少ない働き手を効果的に配分するために、コンビニエンス・ストアの24時間営業をやめようといった話になるのである。

働き方改革の背景にはこうした要因があるが、見方を換えれば、需要が不足するなかでそこまで働かなくてもいいのではないか、働く時間を減らすことで生産性を上げよう、という動きだと考えることもできる。そうすると、医療やヘルスケアの分野ではまったく逆の状況であることに気がつくであろう。先ほど述べたように、医療やヘルスケアの分野では需要が増加しているのである。経済学の教えるところによれば、需要があるところには供給も生まれる。逆に言えば、医療関係の人材需要があればそこに参入があるはずである。しかし、特に医療分野は資格取得も含めて参入が難しい。したがって、そこに人材需要があるからといっても、すぐに人材の参入が増えるわけではない。

この点を考えると、病院の将来はかなり厳しい。医師や看護師がすぐに育たない一方で、働き方改革を行って労働時間を厳しく管理すると、医師や看護師など医療職が供給不足になるからである。繰り返しになるが、供給が多く必要であれば、市場原理が働く場合には価格、この場合は賃金が減少する。しかし先ほど述べたように、参入障壁が高いこの業界では、賃金はすぐに下がらないだろう。そうなったときに、病院は非常に過大な人件費を支払わなければならない状況になる。コンビニエンス・ストアのように24時間働くということをやめるという選択肢が、病院の場合には難しいからである。だからといって医師側も「ほくほく」ではない。後述するように、医療分野では大きな変化が予想されるので、そこへの対応が必要になる。

■収益が上がっている開業医の現状

一方、現段階で収益が上がっている開業医は、患者をたくさん診ている。したがって、たくさんの患者を診るには、仮に開業医が一人で診療しているとすれば、いかに多くの時間を働くか、あるいは生産性と言い換えてもいいかもしれないが、時間当たりにいかにたくさんの患者を診察するかということになる。

一般に医師の過重労働は勤務医について話題になり、働き方改革が話題になるわけだが、それは外来において開業医も病院も同じ診療報酬制度をとっていることに起因すると言えるかもしれない。すなわち病院においても収益を上げるには、特に生活習慣病などにおいては患者数をたくさん診察しなければいけないので、人気のある医師であれば自ずと一日で診察する外来患者数が100人などといったことになってしまう。昼食をとるのが午後3時、4時になるといった状況が起きてしまうのだ。

ただし、これにはよい面もある。患者数を多く診たいということは、患者に来てもらわなければならない。言い換えれば、患者から選ばれなければならないということになる。患者から選ばれるためには、当然ホスピタリティが重要となる。開業すると特にこれは明らかで、よく笑い話で「勤務している間は仏頂面だった医師が、開業すると満面の笑みで患者を迎える」といったようなことが病院の看護師などの噂話になったりもする。

3　医師の収入、医師の役割

■コロナ禍で起きている問題

今回のコロナ禍で、医師などの医療職の高収入は感染の危険と裏腹になっていることがわかった。

コロナ禍のような状況で最前線に立つのは医療従事者になる。ここでいう医療従事者とは、医師、看護師、薬剤師、理学療法士、作業療法士など、現場において直接患者さんに接する人たちだけではない。たとえば、病院を考えた場合には、受付や事務、清掃など病院で勤務しているすべての人を含むといってもよいだろう。

このように考えると、二つ問題点が出てくる。一つめは、給与あるいは報酬に対する考え方である。日本の場合にはまだ差が少ない方ではあるが、たとえば発展途上のインドなどでは、医師の給与と、現場で医療を支えている事務方や清掃などの業務を担う人たちとの給与の差は著しく大きい。もちろん、技術の有無で差がついていると言えばそのとおりで、実際現地においてその格差が問題になっているわけではない。

しかし、コロナ禍はこの差をあぶり出すことになった。たとえば、インドの病院ではこういった現場のワーカーが、低賃金のために集団生活をしていたりすることが多い。したがって、感染を起こしやすい環境にある。これが、二つめの問題点である。

ここでは医療の現場である病院を例に話をしているが、実は、これは病院だけではなく国自体の問題とも言える。実際、一人当たりGDPが日本以上に高いシンガポールなどでも、低賃金労働者がマレーシアから入ってきており、その人たちが感染を広げたという話もあるし、アメリカなどでも同じような話がある。ハワイなどでも原住民の人が感染を広げてしまったのではないかという議論がある。

この話は人種差別をしようとしているのではなくて、新型コロナは集団生活をしている場合にリスクが高い疾患だということを意味している。先進国でも、すでに記載したがイタリアなどは比較的大家族で集団生活をしているので感染がひどくなったと言われる。その意味では、医師などのように高収入ではない医療・介護職の給与を引き上げた方がいいという議論につながりうる。これは、コロナ以前から日本などの先進国では常に議論されていることであった。たとえば、介護職には処遇改善手当てが制度化されている。コロナ禍で、その問題がさらに顕在化したと言えよう。

■医師や看護師はなぜ高給なのか

ここで一つめの問題点に戻って考えると、そもそも医師や看護師など、医療職のなかでは比較的高給だと言われている職種の給与について、どのように考えるべきかには難しい側面がある。もちろんわれわれ人間は命がなければ何もできないので、命を救ってくれる医療職、直接的には医師になると思われるが、この医療を行う価値は何者にも代え難いのは間違いない。

アメリカなどでは命を救ってもらったお礼に何百億円という寄付を行う富裕層が後を絶たない。このように考えれば、医療のもたらす付加価値というものは、地球上の何者にも勝るわけで、その意味で医療職の待遇がよいのはもっともだという結論になる。こういった視点で見れば、医師や看護師など医療職の給与は、かけがえのないものを維持するためにあるのだから高給でも当然であるという理屈になろう。

■医療の扱う範囲の拡張

しかしややこしいのは、医療の範囲が拡張していることである。すでに述べてきたように、医療の重点は感染症対策から徐々に生活習慣病対策に移ってきており、さらに今後は第三段階とでも言える高齢者への対応、医学的に言えば身体の、あるいは細胞の変性への対応や、社会的な孤立などの問題への対応が重視されている。このような歴史からすると、日本の現在の医療保険制度が、かなり広範囲に給付をカバーしていることがよくわかるのではないだろうか。

序章などでも述べてきたように、医療、介護（福祉）、年金は、社会保障分野である。しかし筆者は、医療が社会保障分野から逸脱してしまったと考えている。ここで社会保障制度の特徴はその適用範囲の普遍性にある。イギリスの社会保障制度の祖であるウィリアム・ベヴァリッジは、「ベヴァリッジ報告」で社会保障は全国民に適用されるものであると述べており、日本もこの考え方に従っている。

次に、「救済原理」というものがある。これは「権利」につながるものであるが、日本の場合は憲法第25条に「すべて国民は、健康で文化的な最低限度の生活を営む権利を有する」と明記されており、憲法に基づいて社会保障がつくられている。もちろん、権利だけではなく国民が健康に対して努力するという義務も、同時に示されている。

もう一つの特徴は、社会保険と公的扶助が同じ社会保障制度として統合されたという点である。日本国民全員が同じ制度のもとにいるという普遍性に相通じる面でもある。そのため、社会保障制度は貧しい人の救済である救貧制度と、かつてドイツのオットー・フォン・ビスマルクが19世紀に始めたとされる社会保険制度が組み合わさったものとしてみることができる。日本の場合、医療は社会保険料のみならず税金も財源になっており、この特徴が明確である。

■医療従事者の役割の変化

この流れで行くと、徐々に医療従事者の役割、特に医師の役割が変わる、あるいは減っていくことがわかるであろう。上述した第三段階は、人間の正常な意味での加齢の結果とも言えるからだ。細胞の変性に伴う身体の異常であるアルツハイマー病なども、疾患と捉えられてはいるが、加齢に伴うものでもある。もちろん、ひどくなれば疾患であるのは間違いないが、感染症とは違う考え方で対処しなければならない。実際、フランスでは2018年にアルツハイマー病の薬が保険適用から外れたし、イギリスなどでも社会的処方といって、医療や薬剤以外の対応が重視されるようになってきている。これは非常に重要な方向性ではあり、そこで行われている行為の価値を考えたときに、医療の範囲が広がったと捉えることもできるが、旧来型の医師あるいは医療の価値が少なくなってきていると捉えることもできる。

それでは、今まさに日本の医療費のかなりの部分が使われている第二段階、生活習慣病への対応はどうであろうか。生活習慣病対応は、第三段階である加齢や変性に比べれば薬剤などの効果もはっきりしており、医学的な意味が強い。しかし、生活習慣病には二つの議論がある。一つは、もちろん遺伝的な要素が多い場合もあるが、そもそも生活習慣病は生活習慣の問題で疾病になっているわけだから、医学の対応というよりも本人の生活習慣の問題だという点である。もう一つは、確かに生活習慣病を放置しておけば、さまざまな疾患、たとえば心筋梗塞とか脳梗塞を起こし命に関わるという点である。この意味では、まさに医学の範疇なのだが、直接命を救うという狭い医療の範囲にとどまらず、医療従事者も、その人の生活に関わりつつ、間接的に疾病に関わり、最終的には命を救ったり、その人の生活の質を上げるための行動をサポートしたりするというスタンスになる。

この点において、ヨーロッパの医療体制ははっきりしている。ヨーロッパでは高度な技術、すなわち難病に対する治療や複雑な手術を行うのが病院であり、患者を全人的に診たり市民の生活のケアをするのはかかりつけ医である、という形で役割分担が行われている。国によっては、医学部を卒業した後に方向性を決め、外科に代表されるような侵襲的な医療を行う医師と、侵襲的な療法を行わず患者に寄り添う医療を行う医師に分かれるケースもある。この論理で言えば、侵襲的な医療は病院の医師、生活習慣病への対応はかかりつけ医という形になる。

専門医とかかりつけ医の間では、医師としての給与にもある程度の差がつく。イギリスやスウェーデンにおいては、かかりつけ医は担当している住民の数によって予算が決められており、その範囲内で最適な医療を行うことになる。医師の役割も、ヨーロッパにおけるかかりつけ医の場合は患者に寄り添う医療を行うというスタンスで、オランダなどでは安楽死の相談までもしてしまうという究極の姿になる。もちろん、すべての医師がお金儲けをしたいと考えているわけではないだろう。かかりつけ医は高給ではないものの、患者に寄り添う医療が自分の天職と考えているケースが多い。しかし筆者がイギリスでヒアリングしたかかりつけ医のなかには、少し侵襲的な治療を患者のためにやってみたいという医師も見られた。新たな道を模索する医師がいないわけではない。

一方アメリカでは、役割分担はヨーロッパと同じだが、臓器別の専門医あるいは家庭医と言われる専門性を持ったかかりつけ医の給与は、まさに市場原理で行われている。簡単に言えば、心臓外科医や最近では整形外科医といった専門医は非常に高給取りである一方、普通の医療レベルのかかりつけ医は通常の給与ということで、非常にわかりやすい。しかし、ヨーロッパもアメリカも高度な技術を伴う場合や、命に直接関係する医師の給料が高いという点では一致している。

日本の場合、かかりつけ医とされる開業医が高給なのがよく知られている。これはまったく別の論理である。まず、日本では医療提供体制の充実のために、医師の開業に対して制限を加えていない。したがって開業医の数は増え、身近な医療を提供している。たとえば、アメリカのように患者が医師を受診するためにお金の心配をしなければいけない、ヨーロッパのようになかなかかかりつけ医を受診できないなどといった問題はない。この点、つまり患者の利便性では、日本は世界一といってもいいであろう。

では、なぜ日本では開業医が高収入なのであろうか。日本の場合には、かかりつけ医は、個人（あるいは小さな医療法人）で開業している場合がほとんどなので、ここではかかりつけ医＝開業医としている。そして、高収入の要因は、医師が経営者として責任を持っているというところに尽きる。もちろん、すべての開業医ではないが、経営責任を持つので高収入ということだ。一方、ヨーロッパの場合、医師に患者が割り当てられたり、医師会のなかで収入を割り振ったりしており、かかりつけ医の医療提供をコントロールしている。その結果、かかりつけ医は高収入ではないが、ある程度の収入が保証されている。

■開業のリスク

日本の場合は、患者が来なければ、そのかかりつけ医の収入が減るので、開業して経営していることに対するリスクがある。そのために、ある程度高い報酬があってもいいだろうということになる。もちろん通常の企業も経営のリスクを抱えていることに変わりはない。それでは、なぜ医療分野にだけ公的なサポートがなされるのだろうか。

そこには、医療が命に関わるものだという視点がある。そしてもし医療機関が倒産した場合、その医療機関に入院や受診をしていた患者が路頭に迷ってしまうことを防ぐという社会的な意味づけがある。ここに通常の企業とは異なり、医療の公益性を鑑みた持続性の観点が入っている。今回の新型コロナで医療分野がどのように扱われたかを考えるとわかりやすいであろう。

日本医師会が診療報酬によって、働き方改革の費用を出してほしいと発言したことが話題になっている。[12]本章での筆者の考察からすれば、この要求はある意味正しいことになる。市場原理がうまく働かない医師などの医療従事者の人材問題については、何らかの形で、少なくとも当面は政府がサポートすることが必要だろう。もちろんそれを診療報酬で行うべきなのか、数年間のスパンで医師や看護師が増えてくるまでの間、あるいは病床数が適切になっていくまでの時限措置として補助金で対応するのかどうかは考えなければならないだろう。

■開業医の収入の決まり方

ここまで、日本の開業医はなぜ高収入なのか、その理由を述べてきた。しかし、理念のみで収入に結びつくわけはない、と考える人もいるかもしれない。日本の場合、開業医の収入は国が決定する診療報酬によって規定されている。したがって、あくまで平均的な開業医の収入は厚生労働省が把握しており、経営が悪くなれば診療報酬を上げる。逆に、たとえば人件費などに比べて開業医の収入の増加が多いということであれば、診療報酬で調整するようなことを行っている。

ただし、イギリスのように予算制というわけではないので、これは競争原理につながるが、一般に収益は、「単価×数」に分解できる。つまり、患者数の多寡により開業医同士で差が出てくる。

日本の医療では単価が診療報酬制度で決められているので、もし他よりたくさん収入を上げようとするならば、価格ではなく数で勝負するしかない。これは日本の診療報酬制度の非常に優れた点ではあるものの、筆者は、これからはこの点が大きなマイナスになるかもしれないと考えている。

また、これは診療報酬制度の歪みといってもいいが、医療リスクが高い診療科に高い報酬がついているとも限らない。最近では、少しずつ変化が見られ、病院では前章で紹介したＤＰＣ制度をとっており、そこで行われる医療の内容に応じて、言い換えれば一定の疾患群で使われる医療費を規定し、その金額に応じての支払いをするという仕組みになっている。しかし、開業医療に関しては必ずしもそうではない。すなわち、そこで行った行為によって支払いが決まるという出来高払制をとっている。たとえば点滴を行えば、その分の収入が、行った医療機関に入るという仕組みである。この方法の欠点は、医療機関にとっては医療行為を行えば行うほど収入になるので、患者にとって何が価値なのかを考えることが少なくなりがちということがある。

■リスクの低い診療科に集中

ただし問題は、高収入は必ずしも市場原理や国の計画によって適正な価格に決められていたわけで

図4－3　小児科、産婦人科、産科を標榜する施設数の推移

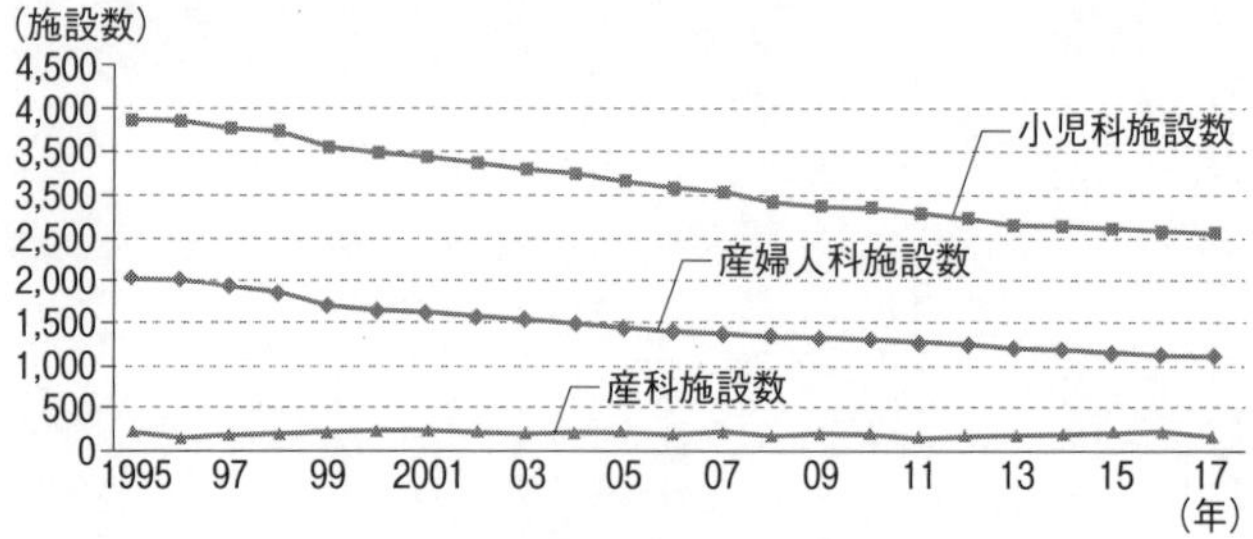

（出所）日本政策投資銀行／日本経済研究所（2020）より（厚生労働省「医療施設（静態・動態）調査・病院報告」1995〜2017年）。

はないため、診療科の人気に変化が起きる点である。医療の価値を定量的に評価することはきわめて難しいのだが、専門家であり実際に現場にいる医師から見た場合、かける労力に対して収入が多そうな診療科が存在するのも事実である。

繰り返しになるが、医療の価値はなかなかわかりにくいけれども、診療報酬で与えられる点数が高く、夜間の呼び出しや時間外労働があまり多くなさそうな診療科が、医師から見ればコスト・パフォーマンスのよい診療科ということになる。具体的に言えば、麻酔科、皮膚科、眼科がその代表例で増加傾向である。図4-3に小児科、産（婦人）科医療機関の推移を示しているが、逆に、コスト・パフォーマンスが悪いとされる産科や小児科の医師数は減少している。

その一方、自由診療の分野がある。この分野は今まで述べてきた保険診療とは異なって、公定価格にならない。医療の場合に情報の非対称性があるので、先ほど述べたような市場原理がうまく適正価格につながらないという考え方がある。筆者はもちろん国民皆保険に対して賛成の立場なので、それに伴って医療の価格をある程度公定にしなければならない点には同意しており、自由診療を拡大しようと言っているわけではない。ただ自由診療は、価格が自由なので医療機関においては割がよく、テレビコマーシャルなどで有名な美容整形外科のチェーンは、その勤務医も含め非常に収入が多いことでも知られている。つまり、美容整形外科や美容皮膚科などの分野は、医師から見てコスト・パフォーマンスがよいというわけだ。

■社会保障の勉強は、医学部や薬学部ではあまり行われていない

繰り返しになるが、制度上、医療、介護（福祉）、年金が社会保障の三大柱である。介護（福祉）分野、年金分野が社会保障の柱だと言われると納得いく人が多いだろうと思う。しかし、医療分野はどうだろうか。

テレビドラマで医療分野の番組が氾濫しているが、そのなかで社会保障的なテーマを扱っているテレビドラマがどれだけあるだろうか。筆者はないと言ってもよいのではないか、と考えている。むしろ医療の専門性を謳い、たとえば外科や、多少専門的な法医学や病理などといった最先端の、あるいは専門分化した医療を描写することが多い。

さらに、現在の医学部の授業で社会保障というテーマを扱うことはきわめて少ないと思われる。逆に、筆者は現在ビジネススクールで教えているが、そこで学んでいる医療従事者から、医学部ではあまり議論されなかった社会的課題の解決が投げかけられることが多くなってきている。特にソーシャルワーカーやリハビリに関する職種においては、まさに社会保障のテーマだと感じる話題が多い。たとえば、保証人や連絡先がない患者に対して病院がどのように対応するか、といったテーマが代表的

である。救急対応でない病院から見れば、命に直結しているわけではないし、入院が長期にわたることが多いので、合理的に考えれば当然のことではあるが、実際に入院を断られたりする例もあると聞く。

金銭面においてはかなりの部分で保障されているのが、日本の社会保障制度の特徴である。ただし第2章でも述べたように、近年では金銭面の制約から医療を受診しないケースも増えているともいう。さはさりながら、かなりの部分で医療分野が社会保障制度によって自己負担が少ないという恩恵にあずかっていることは間違いない。そのような社会保障制度の特徴や、加齢によって生活面も含めて患者に何が起きているのかという状況は、残念ながら特に医師には伝わりにくいと考えられる。

4 これからの医師と医療

■医師免許を免許として使う

「医師免許を免許として使う」などと書くとけしからんと言われそうである。しかし後で詳しく述べるが、これはもしかしたら国の成熟過程で起きてくることなのかもしれないと筆者は考えている。注目すべき動きは、医師になりたいから医師免許をとるのではなく、医師免許を使うという考え方である。成績がいいから医師になったという学生が増加しているという事実もある。本章の冒頭で述べたように、医師免許は最強の国家資格である。したがって、職業として医師になる以外にも、免許を所有していること自体に価値があるのである。

筆者は20年ほど前にこのことに気がつき、当時はあまり売れなかったが、本章2節でも触れた『医師は変われるか』『医者になるまで　なってから』という書籍を出版した。[8] 起業のみならず、製薬会社や生命保険会社にも医師が厚遇で迎えられることがあるといった、医療以外の道を示したものであるが、なかには「この本を読んで自分の人生の方向性が変わった」と言っておられたベンチャーで大成功している医師の社長などもいる。この点では、同書を世に問うた意味はあったのではないかと思っている。現在、この動きがかなり顕在化してきた。２０００年代にも、小泉改革で規制緩和の動きが起きた。特にその頃は、現在のヘルステック（HealthTech：Health＋Technology）とは異なりバイオベンチャーが中心であったが、医療ベンチャーもいくつか生まれた。まさにそのときの再来というか、すでに触れたように、そのときに増す勢いで医師の起業家が生まれているのが現状だと言えよう。

この件については、いくつか考えられることがある。一つは、筆者もそうかもしれないが、現段階で医師として本格的には現業を行っていなくても、若いうちに育てられた医師としての考え方は、綿々とその人の人生に影響を及ぼすということである。経済を考えるにしても、単に経済合理性や金銭の感覚だけで物事を計るのではない。たとえば、企業の存在意義である「パーパス」（目的）を重視するといった考え方は、医療職ならではかもしれない。経営学者というか経営思想家でもある、ドラッカーが非営利組織を重視していたことはよく知られているが、近年『DIAMOND ハーバード・ビジネス・レビュー』の２０１９年３月号でも「PURPOSE」が特集された。このように、「社会の課題解決（パーパス）のためにビジネスや経営がある」という考え方は、分野を超えて広がりつつある。

もう一つは、医師が医療とは関係がない副業を始めるケースも増えているということだ。医師免許を持っていることで、すでに述べたドクトレプレナーのように、資本市場での資金調達がしやすいといったこと以外にも、通常の不動産投資などといった一般的な投資でも信用が高く、銀行などの融資が得やすいといったような一般的なメリットもある。このメリットを享受している人は今に始まったわけではなく、昔から医療とは関係ない会社を別に経営したり、飲食店を経営したりしている医師はいた。

■若手医師の危機感の表れ

将来を危惧する医師の変化としておもしろい現象がある。匿名医師の著者による『医学生・若手医師のための 誰も教えてくれなかったおカネの話』といった本がベストセラーになったりするのだ[13]。本の内容、名前、値段（2970円）から考えても、医師しか買わないようなお金の本が、アマゾンのランキングで100位台に入る時代であるということだ。もちろん医師が金銭面の感覚を持つことは悪いことではない。しかし本来の医師のあり方としては、医師は医業で稼ぎ、それを金銭面・労働面で医療に再投資していくという姿である。医療以外の、たとえば株式投資や不動産投資で医業以上に稼ぐという姿は、病院経営者などの一部の医師においては当然ありうる姿かもしれないが、こういった若い医師向けの本で、堂々とそれが語られ、ベストセラーになることには、国民感情としては、少し違和感があるのではないだろうか。

このように、一見いびつな状況になってしまったことにも理由がある。一つは、かつてと違い、医業に将来が見通しにくくなったことが挙げられると思う。ここで言う将来の見通しとは、必ずしも金銭面のことだけではないが、医学部がますます難関になっていくなか、やはり投資や努力をした分を回収したいと思う医師が増えてもおかしくはあるまい。医師免許の意味が、単に医業を行うだけではなく、金銭面も含めて社会的なステータスを表すという状況になってきているのである。

■社会的ステータスとお金

これを、退歩と見るか進歩と見るかは、実はなかなか難しい。というのは、ヨーロッパの医師は日本に比べて給料が少ない。しかしながら、だからといって医師になりたい人が少なくなっているかというと、必ずしもそうではない。

一方、中国などでは同じように医師の給与は高くないが、何十%という割合で、医師免許をとった人が、医師の仕事に就いていないという説もある。中国は、成長過程にあり、お金に対してアグレッシブな段階である。ヨーロッパの医師の場合には、すでに社会が成熟過程にあり、お金ももちろん重要だが社会的な位置づけやステータスを大事にし、社会に貢献することを重視するようになっている。両者の違いは、成熟度の違いと捉えることもできよう。

アメリカの場合はこの二つの国の中間と思われる。日本の動きもヨーロッパのような成熟社会に移っていく過程と捉えれば、医師免許の価値が幅広くなっているということは必ずしも悪いことではないのかもしれない（現場の医師からは「けしからん」と捉えられるかもしれないが）。

■ 医療従事者が足りなくなる

医学部志望者が減っているという話がある。もちろん偏差値で見れば、筆者が医学部に入学した30年以上前と比べれば雲泥の差もあり、多少医学部人気が落ちたとしても、むしろそれが正常であるという見方も多いであろう。特に近年話題になるのは、医学部への進学者が少数の限られた高校に集中しているということである。たとえば、筆者の母校である名古屋大学の医学部では、全国の医学部合格者数トップである東海高校からの進学者が、多い時では3割前後を占める。女性医師の比率も少しずつ高まっているものの、このような状況はイノベーションを生み出すために必要だと言われるダイバーシティの視点から見て問題がある。

医療従事者が足りなくなる、あるいは医学部の危機といった問題提起はされているが、実際に筆者はこのような危機は起きないと考えているし、逆に言えば、現在のように偏差値の高い人がとにかく医学部に行くような状況は、日本の国力を維持するという観点からも、マイナス面が非常に強いと考えている。端的に言って、現在の医療制度のもとでは、医師が国力を上げるような経済活動を行うのが非常に難しいからである。すでに述べたように起業家として活躍するケースもあるが、通常は社会保険制度のなかで医療行為を行うのが医師である。つまり、医療行為は、経済学の視点から言えば、単に国のお金が循環している面が大きい。もちろん、産業間の生産やお金の流れを分析すれば医療・介護分野はそれなりに他産業への影響も大きいので、産業連関の側面も忘れてはいけない。しかし、それでもなお、近年のアメリカや中国で見られるような、たとえば電気自動車などといったブレイクスルーを生み出す人材になりにくいのが現在の医学部の流れだと考えられる。

■企業と医学部との距離感

また、起業家や企業と医療従事者の距離感にも変化が生じている。従来は、医療従事者から見た企業は出入り「業者」であったが、近年ではパートナーと呼ぶべき存在になってきている。この点は、近年の大きな変化だと思われる。筆者あるいは筆者の周りで20年ほど前に医療ベンチャーを起業したり、ベンチャーキャピタルを組成したりした医師もいないわけではない。しかし結局は、日本国内ではうまくいかなかったり、あるいは海外で花開いたりしているケースが大半である。

その要因は、筆者も身をもって経験したが、当時の医学部では企業や産業的な視点がタブーとされていたからだろう。しかし本章2節でも触れたように、近年の起業家、なかでも医学部発起業家（ドクトレプレナー）は、まさに医学部の技術を使って起業している。あるいは、その大学が総合大学であれば、工学部や農学部など他の学部の技術も使って起業していくケースが増えているように思われる。実際、医師起業家で上場する者も徐々に増加してきている。

■医療従事者のケア

高齢社会を迎え、さらにはコロナ禍の影響を受けた日本において、現在の教育制度や職業選択の方向性が正しい方を向いているかと言われると、筆者にはかなり疑問が残る。

しかしながら、コロナ禍でもイギリスなどでかなり早期に見られたように、医療従事者に尊敬の念を持って、その献身に感謝するという流れは、非常に重要である。日本でも、新型コロナウイルスの感染が拡大してきた2020年4~5月から現在に至るまで、こうした動きが見られるようになってきたのはすばらしいことである。

医師が最先端技術を扱い、それをゴッドハンドとして患者に還元するといった役割は徐々に減ってきてはいるものの、医療従事者がいないと世の中が回っていかないのも確かである。クラスター対策のように、日本的な管理の仕方もあろう。つまり、アメリカほど個性や選択を重視しない日本人の国民性を活かす方法である。日本では、エッセンシャルワーカーと言われるインフラの仕事に従事する者は、ノブレスオブリージュではないが自らを律することも重要ではないだろうか。

さらに、それが平時においても自らが無駄を省いたり、健康になる行動を意識するようになったりすればもっとよい。そうなれば、中国のような管理社会でなくても、助け合いの仕組みである国民皆保険の国、人口が多い国のなかで平均寿命世界一の国を維持し続けることができると思うのである。

そういった意味では、どこまで財政面でケアできるかはわからないが、やはりモンスターペイシェントとなるのではなく、尊敬の念を持って医療従事者に向きあうことが医療従事者への何よりのケアになるのではなかろうか。

注

1 「韓国で医師全国スト、医療崩壊へ懸念も」読売新聞オンライン、２０２０年８月27日付（https://www.yomiuri.co.jp/world/20200827-OYT1T50092/）。

2 総務省統計局「労働力調査」（２０１７年平均）。

3 「業界動向サーチ　自動車業界」（https://gyokai-search.com/3-car.htm）。

4 文部科学省「平成29年度　学校基本調査」（https://www.mext.go.jp/b_menu/toukei/chousa01/kihon/1267995.htm）。

5 厚生労働省「平成28年（２０１６年）医師・歯科医師・薬剤師調査の概況」（https://www.mhlw.go.jp/toukei/saikin/hw/ishi/16/）。

6 真野（２０１７b）。

7 真野（２０１２）。

8 真野（２０００）、真野（２００１）。

9 経済産業省「社会人基礎力」（http://www.meti.go.jp/policy/kisoryoku/）。

10 「医師にとって管理職はリスクだ」MedPeer（https://medpeer.jp/news/3963）、「それでも病院管理職を目指しますか?」MedPeer（https://medpeer.jp/news/16451）。

11 筒井冨美「医師の集団辞職が大学病院で多発する理由」ダイヤモンドオンライン、２０１８年５月12日（https://diamond.jp/articles/-/169760）。

12 厚生労働省医師の働き方検討会議「医師の働き方改革に関する意見書」２０１８年７月（https://www.mhlw.go.jp/content/10800000/000331104.pdf）。

13 Dr.K（2019）。

第5章　目指すべき医療改革と今後の医療の展望

1　日本の医療制度が抱える問題

■日本の医療の方向性

ここまで本書では、日本の医療レベルは高いものの財政面での制約が強くなってきており、そのなかでもがいている病院や医療従事者たちの苦悩を考えてきた。そのような状況下で起きたのが、今回のコロナ禍である。コロナ禍によって新しい世界が開けるのか、それとも今までの流れは変わらず、コロナ後はそれがさらに推し進められていくのか、という論点がある。

もちろん、第3章で述べた地域医療構想に関する問題のように、コロナ禍を機に病院の機能を再度考え直さなければならないという課題はあるだろう。しかし筆者は、医療界が抱える問題の多くは今までの流れの延長線上にあると考えている。逆に言えば、日本では今まで十分に議論されてこなかっ

表5-1　高額医療機器（CT、MRA）の配置状況

CT、MRI保有率

CT （保有施設数、率）	病　院：6,627施設（77%） 診療所：5,001施設（5%）
MRI （保有施設数、率）	病　院：3,466施設（40%） 診療所：1,669施設（2%）

CT、MRIの共同利用の実態※

	全国対象機器数	共同利用実態	割合
64列以上のマルチスライスCT	1,507台	63台	4.2%
3テスラ以上のMRI	512台	80台	15.8%

※それぞれ保険診療を行った患者数による数値であり、共同利用実績とは施設の共同利用率が10%を超える場合を指す。

（出所）経済・財政一体改革推進委員会、第27回社会保障ワーキング・グループ資料「資料3-1　社会保障について_4」2018年10月30日（https://www5.cao.go.jp/keizai-shimon/kaigi/special/reform/wg1/301030/shiryou3-1-4.pdf）。

た問題点の一つである医療のＩＴ化が、これを契機に急速に進むのではないかと考えている。

そこで本章では、ここまで見てきた医療界の現状や今後の方向性に基づいて、患者視点で医療のＩＴ化を中心に今後の日本の医療の方向性を考えてみたい。

■医療崩壊を起こさないことがカギ

ＩＴ化の話の前に最初に少し学習をしておこう。日本を含む世界の多くの国々で、本書を執筆している２０２１年１月現在も新型コロナの新規感染者数が増え続けている。このような状況に関して、われわれはどう考えればよいだろうか。筆者の専門である医療提供体制の視点で考えてみたい。というのも、新型コロナウイルス感染症の特徴はきわめて多くの医療資源を必要とするという点にあるからだ。

患者視点やＩＴの活用という点で、日本での医療資源の状況、医療制度はどうだったのであろうか。

最初は少し復習になるが、この点を再度確認しておこう。日本は人を除く医療資源において、潤沢とは言い難いがそこそこ恵まれていたといってよいであろう。具体的には、表5-1に示したように、ベッド数やCT数などの面で恵まれている。

一方で、感染した患者が最も重症となった際に対応すべきICU（集中治療室）のベッド数の少なさが指摘されている。しかし、厚生労働省によれば、日本の「人口10万人当たりICU等病床数」は13・5床とされている。[1] アメリカは34・7床、ドイツは29・2床と多い。このような状況で、日本は、HCU（高度治療室）などもうまく使いながらなんとか医療崩壊せずに、2020年の感染拡大の難局を乗り切ったとされている。

■感染症医療に必要な体制

ただここで一つ、問題になることがある。新型コロナウイルス感染症による医療機関の経営への影響である。日本病院会などの調査では、全国の病院の利益率は、コロナ禍以前の2019年4月でも1・5%であったが、2020年4月はマイナス8・6%になった。そのうち、コロナ患者の入院を主受け入れた3割弱の病院で見ると、マイナス10・8%だった。ただし、ここでは医療機関の経営を主な問題とはせず、むしろ医療制度の問題と捉えて今後の対策を提案してみたい。

日本の場合、第3章の表3-2（114頁）で示したように医療提供体制のあり方に特殊な側面がある。すなわち、医療の提供主体は民間が中心だが、ファイナンス、すなわちお金の面では診療報酬という形で公的にカバーされているのである。これは、近年のように病院が担う役割の中心が生活習慣病対応であるときにはうまく機能していた。民間病院は、患者数の確保のために他の病院と競争し、少しでもよい医療サービスを提供しようとしたからである。逆に、効率性で劣る公立病院が、民営または独立行政法人となって、民間の活力を取り入れようとした。

しかし、感染症対策ではこの体制はうまく機能しない。民間病院の場合は、今回のコロナ禍のようなときにでも経営を優先しなければならない。経営がうまくいかねば倒産してしまうからである。となると、コロナ感染者を受け入れるのは経営に非常にリスクがあると言わざるをえないので、積極的に受け入れることが難しい。一方では、公立病院はそもそも行政的医療や政策医療を担うとされており、コロナ感染者を積極的に受け入れる役割を持っている。

第3章5節でも述べたように、国立病院が担う「政策医療」とは、国家がその医療政策を担うべき医療であると厚生労働省が定めているもので19分野あるが、そのなかに「災害医療」「国際的感染症」が含まれる。同様に、行政的医療は公立病院の役割であり、たとえば東京都の場合には感染症医療（主に一・二類）、災害医療が含まれる。これは他の自治体でもほぼ同じである。実際、新型コロナウイルス感染者を受け入れている病院の7割は公立・公的病院だと言われている。しかし、公立病院は経営効率が悪いために数を減らす方向で、これまで政策的にも議論されてきた。

■公から民へ、再考

「公から民へ」という流れがあった。これはすでに述べた感染症から生活習慣病へという変化や、赤字の公立病院が多いといった問題とも関連があるが、さらに重要なのは、サービス業という面で見ると、公は非効率を内在しており、民の方が患者により近いところでよりよいサービスを提供できるという視点があったからだ。

第3章で述べた地域医療構想の流れのなかで、2019年9月末にリスト化された病院のなかには、赤字の多い公立病院や、赤字率は多くはないものの日本赤十字社立や済生会立といった公的病院が含まれており、公的病院の立場は微妙だが、このことは、日本の医療にも医療の民営化という視点が根づいていることを示しているだろう。実際、イギリスなどでは病院などの公共施設が民営化される事例が続き、日本においても純粋な民営化ではないが国立病院が独立行政法人になったり、地方の公立病院が地方独立行政法人になったりという変化が起きていた。

筆者には、この流れ自体は間違っているとは思えない。しかし今回のコロナ禍における感染症対策のように、公が役割を持たなければいけない部分が改めてクローズアップされたのも事実である。このような状況においては公民の役割分担を考え直さなければいけないことは間違いない。しかしながら日本の場合、地方によっては民間の病院がその地域で唯一の中核病院であったりする場合もある。このような場合においては、民間に公の役割を担ってもらう必要がある。

これは経営母体を公から民に移すということではなく、たとえば非営利性が徹底され、すでに減税がなされ公と同じような位置づけになっている社会医療法人のような病院であれば、感染症対策といった公が中心に行うべき医療を、補助金などが分配されるという前提のもとで担ってもらうといった方法もある。

■今後の感染症対策

このような状況において、ウィズコロナ時代あるいは今回の新型コロナウイルス感染症以外の今後同じようなタイプのウイルスが押し寄せる可能性があることを考えると、やはり感染症対策としての専用病床、あるいは隔離をしておく病床は必要になるであろう。

そのために公立病院は採算を度外視し、コロナ対策の専用病床を用意し、それは患者数とは関係なく税金で運営する。さらに民間病院も余剰ベッドを閉鎖せずに、万が一のときの隔離病棟として確保しておくことが必要だろう。新型コロナウイルスは、無症状や発熱だけのときでも感染を起こすので、病床を分けたところで、患者や疑い患者の導線を完全に分けることは難しい。しかし、現在確保できている、感染者専用病床をある程度そのままにしておくことが、今後さらに続くコロナ禍、あるいは別の感染症対策としても有用であろう。

■コロナ対策で浮き彫りになった問題点

すでに第2章で述べたように、日本の医療は患者にとってアクセスしやすい、非常に身近な点が特徴的であった。これはすばらしいことではあるが、この点と国が価格を決めているという点が、今後進めるべきＩＴ化において問題になるかもしれない。

まず医療が身近であるという点を考えてみると、その身近な医療を提供している開業医は、ＩＴ化に対しては通常反対すると考えられる。ＩＴを駆使したオンライン診療になれば、自分の患者が減る可能性があるためである。それ以上に問題なのは、国が価格を決めているという点である。価格が公定であるがゆえに、患者の感じる価値が価格に反映されないことになる。医師や医療機関は、厚生労働省が高い点数をつけている医療行為を行わないとお金にならないのでそれをするが、そうした医療が患者の満足につながっているとは限らない。

ここで一つの例を示そう。これは妊婦の場合なので必ずしも診療報酬ではないが、筆者の問題意識とほぼ同じ現象であるので、ここで紹介したい。

▒妊婦加算が炎上

「自己負担3割の場合は、初診で『225円』、再診で『114円』負担増」「妊婦税」との表現で2018年4月に導入された妊婦加算の廃止の方向が同年12月13日に決定、最終的に2020年2月7日に、妊婦加算やそれに類する加算項目は廃止されることが決まった。これは、ネット上で批判が噴出し炎上したことによる。そもそも妊婦加算とは何だったのか。

「胎児への影響を考えた上で、どのような薬を投与するか、また投与しないかといった判断を注意深くする必要があることや、流産や死産の原因となるような感染症など、特に注意を払わなければならない病気もあり、高い診察技術が必要であることなどが指摘された。妊婦加算は、いわば難易度の高い診療に対する『報酬』ということになる」[2]

簡単に言えば、役所が行う行為が難しいと考えたから診療報酬を高くしたということである。しかし、それによって患者の自己負担が増加したことが炎上の原因であった。

■診療報酬の役割

診療報酬の役割としては、次の二つが挙げられる。一つは、診療報酬が公的な医療保険でカバーできる、通常は3割負担で、言い換えれば7割引で医療を受けることができる範囲を設定しているということである。もう一つは、医療機関へのインセンティブである。日本における多くの医療機関は民間組織であり、国立や公立の病院とは異なり、その方向性は各医療機関の経営者に任されている。しかし診療報酬は、医療機関を国や厚生労働省の願う方向に誘導する役割があるのである。

後者の目的を達成するために「加算」という仕組みがある。簡単に言えば、国がねらう方向に誘導するため、その施策を行ってくれた医療機関に、追加報酬である加算を支払うというものである。

診療報酬による医療機関の誘導は、これまで一定の成果を収めてきた。たとえば2018年4月の診療報酬改訂では、救急医療管理加算は「地域における救急医療体制の計画的な整備のため、入院可能な診療応需の態勢を確保する保険医療機関であって、別に厚生労働大臣が定める施設基準を満たす保険医療機関において、当該態勢を確保している日に救急医療を受け、緊急に入院を必要とする重症患者として入院した患者について、当該患者の状態に従い、入院した日から起算して7日を限度として所定点数に加算する」と定められた。このような対応によって、不採算になりがちで積極的な医療機関が少ないと言われていた救急医療が徐々に充実してきているという例もある。

■診療報酬の意味

診療報酬が医師や医療機関への報酬であるならば、患者には関係ないのではないかと考える人もいるかもしれないが、そんなに単純な話ではない。医療機関を受診するときには自己負担が発生するためである。

問題は、この加算された部分も自己負担を伴うということである。今回の妊婦加算の炎上の理由である、初診で「225円」、再診で「114円」負担増とは、自己負担3割の場合は、国がそれぞれに対して750円や380円の加算をつけたことになる。自己負担がなければ、患者や利用者がこの加算の存在を知ることは少ない。しかし自己負担がある以上、患者は市場原理で動く、つまりこの加算が自分にとってどんな価値があるかを考えるということになる。

そもそも診療報酬の自己負担の意味は何かと考えれば、診療のときの患者自己負担を無料にしてしまうと患者側が過剰な診療を受けてしまうのではないかという思想に結びつく。それを防止するために、行った診療行為に応じて一定の割合で自己負担が発生するという仕組みである。日本では、自己負担率は現在6歳から70歳では3割（70歳以上でも現役並みの所得者は3割）とされており、10万円の診療費がかかれば3万円が自己負担となる。これのみであれば、納得感はあろう。行われた行為についての一定割合の負担だからだ。しかし、ここに加算という仕組みが出てくると話がややこしくなる。

■患者や生活者不在の加算

加算という考えに患者不在であることが問題ではないだろうか。たとえば救急医療のように、何が何でもすぐになんとかしてほしい場合には、患者は金銭の細かい数字はあまり気にかけないかもしれないが、一回ごとに何が行われたかが明確な診療行為では、患者や生活者は金銭を気にかけるだろう。

上記ではその例として産科診療を取り上げたわけだが、産科診療にはそれだけではない背景もありそうだ。つまり、産科医療の特殊性である。少子高齢化が大問題となっているわが国では、少子化対策が長らく政府の重要な政策として位置づけられてきた。そのなかで出産に対しては、診療報酬ではなくて出産一時金という制度が適用される。通常の場合は、この金額を下回る費用で出産が可能なので、実質は自己負担ゼロといってもいいが、病気を伴った出産の場合、たとえば帝王切開を行ったりすれば、通常と同じ3割自己負担になってしまう。このあたりの制度の仕組みが、少子化対策といいながら納得がいかないと思っている人がそもそも多かったのではないか。

■すでにほころびが見られていた

筆者は2012年、『読売新聞』に「論点　医療マネジメント　診療報酬議論に偏るな」として、下記のような論説を寄稿したことがある。

「関係者による合議制である中医協で、診療報酬や薬価など『医療の値段』を決めるのは、日本的な優れた仕組みかもしれない。また、『医療の価値はお金だけで決まるものではない』との声も医療側にはある。しかし結局は、配分するお金の多寡で、医療の進むべき方向を誘導しているのが、中医協を軸とした現在の医療政策のあり方だ」

「過剰な成果主義は今や、一般の企業でも問題視されている。医療政策においても、もっと金銭によらない動機付けを考えるべきだ[3]」

政策立案側や医療従事者は、自ら専門家としての矜持を持っている。さらに高額療養費などの制度が充実している日本においては、患者が金銭面で悩むことなく医療機関を受診できることが原則であった。しかし時代は変わり、所得の少ない高齢者が増え、日本全体での所得の二極化も進んできたために、たとえ少額でも医療の金銭的負担に悩む国民が増えてきた。それに伴い、政策立案側や医療従事者も患者や生活者を医療のステークホルダーとして強く意識する必要があるのではないか。状況によっては、自己負担がないような診療報酬の仕組みをつくることも必要かもしれない。

2　これからの生活と医療

■ウィズコロナでの医療体制の変化

ここまで海外との比較や診療報酬制度を中心に、日本の医療の良さや問題点を述べてきた。本節からは、医療の今後を考えてみたい。ウィズコロナにせよ、アフターコロナにせよ、われわれの生活は大きく変わり、医療体制もそれに応じて変わるだろうし、強制的にでも変化が起きるであろう。ここでは医療機関、つまり病院、診療所、調剤薬局について、終章に先んじて起こりうる変化を考えてみたい。

まず病院については、2019年9月末に公立・公的病院のリストが示されたように、徐々に機能分化あるいは地域医療連携推進法人を通した集約化が進むとされていた。しかし、こちらに関しては今回のコロナ禍を受けて多少方向が変わるかもしれない。すなわち、昔からの医療機関の機能である災害や感染症に備えるという意味で、日本の医療制度は他の先進国に比べてうまく機能し、それは医療機関のキャパシティに余裕があったからだという説も有力であるからだ。今後も、新たなコロナ禍が来る可能性が高いのでそこへの備えという点だ。

もちろん、今まで指摘されていた医療体制の無駄をそのままにしていいというわけではないし、コロナ禍に対応するための財政出動で日本の財政状況はさらに悪化しているので、何らかの対策は必要となるだろう。そこで、近年の変革がよくなかったと考える勢力と、旧来の変革を続けていきたい勢力、さらにコロナ禍を契機に大きく変えていくべきだという勢力の三者の議論になることが想像される。企業では、コロナ禍を契機に大きく変えていくべきだという考えが強いと思うが、医療界、なかでも病院においては、日本の医療制度が先進国のなかで比較的うまく機能してきたこともあって、急速な変化を望まない人が多いであろう。

■プライマリ・ケアへの影響

むしろ今回のコロナ禍で大きな影響がありそうなのは、診療所や一部の病院の外来機能、薬局であろう。つまり、プライマリ・ケアの部分である。日本では欧州のように、プライマリ・ケアを行うかかかりつけ医が国民からの登録制になっておらず、「開業医の自由開業制」「患者がどのかかりつけ医や病院を選ぼうとフリーアクセス」「医師が行った行為への出来高払い」というのが、日本におけるプライマリ・ケア医療の特徴であった。そして、プライマリ・ケアの中心はかかりつけ医である開業医が担っていた。

この三つの特徴のうち、旧来から自由開業制に対してはいろいろな意見があり、厚生労働省も対策のための変革をある程度考えていた。しかしながら、フリーアクセスおよび出来高払いについては、具体的に方向性は示されていなかった。しかし、コロナ禍が起きてからの議論には、それらに踏み込む話も出てきている。

このような状況下でコロナ禍に直面することになり、リモートワークやEコマースなど、これまでも進んできた変化ではあるが、そうしたオンライン化の波が一気に生活すべてに押し寄せてきたのである。

日本におけるかかりつけ医の機能は、一定の医療の質を担保したうえでの便利さに支えられてきたと言える。これは、日本に特徴的な小規模の病院も同じで、回復期や療養型に機能転換していない、昔からの急性期の病院では、外来診療を行いながら入院も診ていくというスタイルである。つまり、欧米先進国とは異なり、病院でも通常の外来が行われているのである。

今回のコロナ禍で、政府はオンライン診療の規制緩和を行った。実は、遠隔医療とオンライン診療は同じものではない。遠隔医療には、医師対患者、すなわちオンライン診療だけではなく、医師同士あるいは医師と他の医療従事者といった、いわばBtoBのようなバリエーションがある。簡単に言えば、専門性が違う医師同士の情報交換や、幅広くいろいろな疾患を診察しなければならないかかりつけ医に対して、病院の医師が遠隔で情報を提供するといったものである。このような動きはコロナ禍以前から少しずつ進んでいた。

一方、オンライン診療は、医師が患者の診療をオンラインで行うというものである。これももちろん、アイデアとしては従来から厚生労働省も地方の過疎化といった現場の問題や、離島医療といったへき地医療に対してこの方法を進めようとしていたものである。しかしながら、今回のコロナ禍によって、そもそも非接触で診療したいというニーズが高まり、都会のように医師へのアクセスがよい場所であっても、新しいニーズとして生まれてきたのである。

現状の日本では、医師は聴診器を当てる（聴診）、顔色を見る（視診）、脈をとったりおなかを触る（触診）などを行うことによって診察をしているので、オンラインですべてを賄うことは一般的には難しいと考えられる。しかし生活習慣病の長期患者のように、すでに診断がついていてその後の治療を薬剤投与などで行っているような場合には、毎回毎回、触診や視診などが必要とも限らないケースもある。このような部分をオンライン診療で代替することは可能であろう。

ただし、ここで言うオンラインは、外来機能の一部である狭義のオンライン診療だけではなく、健康相談など医療全般を含む。こうなるとＩＴ企業の分野であり、もちろん高齢者の場合や重要な診療の場合などオンライン診療の限界も明らかになってきたとはいえ、いくら日本の医療機関へのアクセスが便利だと言ってもスマホなどを活用したオンラインの便利さには敵わない。また、オンライン健康相談は非常に廉価に行われている場合もある。そのため、患者がオンラインに流れる可能性があるのである。次項からはオンラインを中心にヘルステックの日本での展開を予測してみたい。

■オンライン診療は廉価になる

一方、今後大手IT企業の参入で、オンライン診療などのシステムの価格が下落していくことになるだろう。となれば、医療機関でも導入しやすくなるし、逆に導入しなければ患者獲得競争に負ける可能性まで出てくる。こうした競争は、自由開業制でフリーアクセスであるがゆえに避けられない。

出来高払い制のもとでは、患者数の減少は収入の減少に直結する。リアルの患者の減少に対して、厚生労働省がオンラインでの診療報酬を増加して収入面を担保しようとしても、オンラインでは有名な医師や評判のいいクリニックが一人勝ちする構図となってしまい、一部の医療機関がますます儲かるという展開につながる可能性がある。

そしてそれは、すでに役割について議論が進んでいる調剤薬局にも影響を与えるであろう。かかりつけ医以上に、「自宅などで薬が入手できるならわざわざ薬局に行きたくない」と考えている人は多い。となれば、一度慣れたオンライン等による対応や、薬剤の宅配という便利さを好む人は、さらに新しい薬局機能を求めるだろうし、ドラッグストアの中に併設されている調剤薬局のように、日常品を買いに行くついでに薬剤を取りに行くという行動もさらに増えるであろう。

■オンラインをどう取り込むか

こういった動きを想像しているのは筆者だけではなく、病院の経営者も同じであろう。となれば、

「アメリカのように病院でＩＴシステムを充実させ、地域の住民につながろう。そして、そこにかかりつけ医や、場合によっては薬局もネットワーク化しよう」という動きが出てくるのは間違いない。筆者は、特に地方では基幹病院のＩＴシステムのもとに地域の診療所がまとまっていくのが望ましいと考えている。

オンライン診療を含む医療のＩＴ化については、電子カルテが普及し始めてから現在まで20年に及ぶ議論があり、補助金などでの政策的な後押しと医療従事者側の慎重論がせめぎ合い、変化は遅々として進まなかった。しかし、今回のコロナ禍で医療のＩＴ化は進むこととなり、日本の医療体制にＩＴ化の波が押し寄せることが予想される。しかし医療従事者は、その動きに敏感とは言えない。

■医療が身近な日本でのオンライン診療

本書で述べてきたように、日本ほど生活者にとって医療機関が身近な国はない。アメリカでは医療はお金次第であるし、ヨーロッパは効率的な医療を求めるので、むやみにかかりつけ医を受診することもできない。今回の新型コロナウイルス感染症に対しては、国民皆保険である日本の医療が生活者に身近であったことがプラスになっていることは間違いない。しかしその陰で、他の分野と同様にリアルからオンラインへという変化は、医療分野にも起きてきているはずなのである。

新型コロナウイルスの感染拡大によって、そうした変化を受け入れざるをえなくなった。新型コロナウイルス感染症への対策のため、特例として初診でもオンラインの診察ができるようになり、スカイプなどの一般的なツールの使用が認められるなどの緩和が行われた。東京都も２０２０年10月時点では約270件だが、オンライン診療ができる医療機関を公表している。[4] リアルの患者が減っている医療機関も多いはずだが、それでもオンライン診療が全国に急速に広まっているとは言い難い。また、オンライン診療というのは診療行為であるがゆえに、医師が行い、かつ厚生労働省の規制を受ける。アフターコロナの状況は未定である。

■オンライン健康相談の広がり

一方で、市場の動きは異なる。株式市場において、Amazon や Netflix といったネット企業の株価は過去最高値を更新している。なぜこうなっているかというと、今回の新型コロナ騒動によって消費行動が変わるという期待が投資家の間で広がっているからである。外出できないことによる、リアルな消費からネットを中心としたバーチャルな消費への流れである。

翻って、筆者の専門であるヘルスケアや医療の世界ではどうであろうか。もちろんヘルスケア分野や医療分野は、リアルが非常に重視される分野である。まず、医療界では大きな流れとして、コロナ禍の真っ最中であった2020年4~5月中では不要不急の医療に対して、感染を恐れる生活者が医療機関を受診しなかったという事実がある。これは小児科や一部の内科などで顕著である。もちろん、こういった診療科が行っている医療が不要不急だというのは言い過ぎであろう。しかし、感染するかもしれないというリスクと、そこから得られるベネフィットを天秤にかけたときに、リスクが大きいと考える生活者が多いことから、このような状況が生じていると思われる。

オンライン診療に加えて、オンライン健康相談も広がっている。こちらは相談なので、もちろん医療従事者でなければ相談に乗ることも難しいであろうが、厚生労働省からの規制はほぼない。そして、コロナ禍の状況で急速に伸びているようだ。たとえば、大手であるＬＩＮＥはメディアの取材に以下のように答えている。

「ＬＩＮＥヘルスケアは新型コロナに関して、これまでも厚労省とも連携し、ダイヤモンド・プリンセス号の乗客に医療相談サービスの提供や厚生労働省の公式アカウントとの連携などを進めてきた。

『2月の相談件数は前月比40倍。3月も引き続き増加傾向にあり、現状のペースを維持すれば4月は月に10万件規模の相談件数に達する見込みです』とＬＩＮＥヘルスケア担当者は BuzzFeed News の取材に回答する」[5]

ＬＩＮＥのような大手以外にも、ベンチャーで同じようなサービスを展開するところも出てきた。

■海外の例

ここで少し、海外のオンライン診療や健康相談の例を見てみよう。たとえばアメリカでは通常、開業医は病院の勤務医も兼ねており、基本は予約制である。病院がオンラインで健康情報を流したり健康相談を看護師が行ったりしている。イギリスなどでもかかりつけ医は原則は予約制で、オンライン健康相談における看護師の役割は大きい。もちろん、海外でもオンラインのみで医療情報を提供している会社もあるが、日本のように、オンライン診療やリアルな医療とオンライン健康相談の提供者が異なるわけではない。医療機関から提供される場合には、オンラインの健康相談とオンライン診療は、同じスマホから提供されるなど一体化しており、日本のように明確に区別されていないことが多い。たとえば、アメリカ・フロリダの小児病院の場合には、スマホを通してのオンライン医療を積極的に行っている。診療科目は循環器、神経内科、栄養科、内分泌科など16科目である。ただしこれらの事例は、日本で言うオンライン診療というよりは、スマホを活用して、週7日間、24時間いつでも「care connect」という形で、ウェアラブル端末を通じて患者や家族と医師がつながっているシステムである。

オンライン診療が普及するときに、重要なことはそこで提供されるサービスの質である。医師免許を持っているというだけでは、患者としても安心できない。実際、LINEヘルスケアでは、医師が患者に心無いコメントを行ったことが問題となり、謝罪を余儀なくされた[6]。

そこで、まずは隣の国である中国や他の国でオンライン診療がどのような状況になっているかを概観したうえで、この点を考えていこう。

■中国の医療

中国には人が多い。それに比べ病院や医師の数が少ないために、大昔の日本のように病院には患者が押し寄せている（写真）。こういった状況を解決するために中国政府が肝いりで進めているのがヘルステック（HealthTech：Health ＋ Technology）である。

ヘルステックは、中国において医療の不平等さや不便さをなくす切り札として考えられている。代表的な企業ではアリババの子会社であるアリババ・ヘルス・インフォメーション・テクノロジー、あるいは中国最大の保険会社である平安保険の子会社であるピンアン・ヘルスケア・アンド・テクノロジーがまさにこの部分を担っており、2018年の登録者はそれぞれ1億3000万人、2億6500万人であるという。

こういったサービスを使うことにより、生活者は医療相談、診療、処方、支払いといったすべてのサービスをオンラインで受けることができ、必要に応じて病院を受診するというスタイルになる。このことによって過度な待ち時間や、時々批判的に言われていた順番待ちを回避するための余分なお金が必要なくなったりしている。このように、診察に困難が伴うのが中国の医療の特徴であり、言い換えればアクセスをよくすることが至

患者が押し寄せる中国の病院

（出所）真野俊樹「オンライン診療が日本医療にとって『諸刃の剣』といえる理由」ダイヤモンドオンライン、2020年6月3日より。

上命題であったわけである。

■日本と中国との医療の違い

日本の医療制度は中国とはまったく異なり、かかりつけ医による医療が病院医療と並んで二本柱になっている。そして、先ほどから述べているように、日本におけるかかりつけ医の医療は患者に身近

であり、すぐに相談できるという特徴がある。ここが、中国と日本の医療システムの大きな違いである。

もっと言えば、日本においては昔から医師はそもそも身近な存在であり、尊敬される存在でもあった。ところが、諸外国は必ずしもそうではなかった。たとえば、ヨーロッパでは医薬分業の歴史がそれを証明している。つまり、医師が皇帝などに薬と称して毒を盛る可能性があるので、第三者の目付け役として薬剤師が存在した。医薬分業、つまり医師と薬剤師は分離していたわけである。

アメリカではそこまでのドライさはないが、やはり日本のように医療職を聖職といった形で尊敬する歴史はなかった。中国では、医師に腹を立てた患者が医師を傷つけたりするという新聞記事がよくある。必ずしも聖職として敬う必要はないかもしれないが、少なくとも身近か否かという点では、日本の医師と諸外国の医師にはかなり異なるものが、文化や歴史的にあると考えてよいだろう。

■他国の事例

イギリスも医療に対しての評価が必ずしも高くない国である。評価を低くしている大きな理由は、医師や病院へのアクセスの悪さである、ここで言うアクセスの悪さとは距離の問題ではなく、身近でなく、すぐに対応もしてくれないということを指している。『MITテクノロジーレビュー』の記事によれば、現在、ロンドンでは約4万人が、医師に代わって患者を診断するAIチャットボットのアプリを利用している。[7] AIが診断することで、自己治療で済む人々が病院に行かなくなり、医師の過重労働を軽減し、医療コストを削減できるという。

アプリでは、イギリスのスタートアップ企業であるバビロン・ヘルス（Babylon Health）が開発した新しいＡＩアプリによって、医師の不必要な事務処理や外来診療の負担を軽減し、患者の待ち時間を短くする。体調が良くないと感じたら、いきなり病院に行ったり、医師を受診したりする代わりに、スマホを使ってアプリでチャットすればいい。ＡＩは、緊急処置が必要な症状だと判断すれば、その旨を患者に伝える。アプリはさまざまなＡＩの手法を取り入れて構築されている。代表的なものは、ユーザーが普段の話し方で症状を説明できるようにするための自然言語処理能力、巨大な医療データベースから情報を取り出すエキスパート・システム、症状と体調を関連づける機械学習などである。バビロン・ヘルスのアプリは、医療資源が乏しいもののＩＴが進んでいるアフリカのルワンダや、アイルランドでも使用されている。

診断に確信が持てない場合、アプリは常に、人間の医師によるセカンド・オピニオンを受けることを薦める。同アプリには、ＡＩによる症状の分析とオンライン診療の二つの機能がある。軽度の症状の診察はＡＩが医師を代替し、本格的な診断や薬の処方はオンライン診療で対応する。だが、アプリがユーザーと医療専門家の間を取り持つことで、健康管理の最前線が変わる可能性がある。

アメリカで病院を所有し、医療保険を扱う非営利組織カイザー・パーマネンテでは1日に4万件のオンライン診療を行うようになり、[8] なかでもメンタルヘルスに関するものが多いという。

オンライン診療は、アメリカでは糖尿病や慢性閉塞性肺疾患（ＣＯＰＤ）といった慢性疾患に行われることが多く、デンマークではＣＯＰＤという疾患に対しての遠隔リハビリの実証実験が行われている。また、少し前からの動きであるが、アステラス製薬は２０１９年11月21日、ウェルドック

（Welldoc）社が2010年にアメリカのFDAの承認を受けた糖尿病を管理するデジタルセラピューティクス（DTx）のアプリである「BlueStar」を、日本や一部のアジア地域で商業化する契約を締結したと発表した。

もちろん、こういったことは他にも多く研究されている。治療に関係するものはエビデンスの蓄積が必要なので、すぐに広範囲に行われるものではないと思うが、世界の流れになっていきそうだ。

■日本でのオンライン診療の展開

オンライン診療の特徴は、言うまでもなくその便利さである。いくら日本のかかりつけ医が身近で便利だと言っても、患者は実際にその場に足を運ばなければならないし、ウィズコロナの観点から言えば病院や医療機関は感染のリスクを伴う場所であるということになる。これは、先ほど述べたような医師や医療機関が身近だという日本の特徴の180度の転換になりうるものなのである。

ここで、再度オンラインというものの特徴を考えてみよう。まず、オンラインであるがゆえに距離の制限は通常つかない。すなわち遠距離からもアクセスが可能ということになる。すると逆に、ウィナーテイクスオール、一人勝ちの構造が生まれやすい。つまり、有名な医師に患者が集中するということである。現在は低く抑えられているオンライン診療の診療報酬を上げることも、一部の有名医師を儲けさせることにつながりうる。これを防ぐためには、病院の門前の調剤薬局で行われているように、一人の医師のオンラインの件数を限定するといったことになろうか。

ここで一つ反論もありうる。診察なので、有名な一人の医師が診察できる数には限界があるのではないかということである。しかし経営学で言えば、他の医師の質を担保したりすることで、この問題を乗り切ることはさほど難しくはない。たとえば、有名フランス料理店の「ひらまつ」において、オーナーである平松シェフがすべて料理しているわけではないが、質が担保できているのと同じである。もちろん、価格の調整は保険診療のなかではできないのでこの場合は自由診療ということが条件になる。

ポイントはこの点にあり、ＩＴであるがゆえに値段の調整を行い、高いお金を支払った人には医師が対応し、中程度の場合は看護師、無料で行う場合はＡＩによるチャットボットなどで対応するといったことも可能である。

■オンライン診療の今後を占う

こう考えてみると、オンライン診療の全面的な解禁は、日本のかかりつけ医（多くは町の開業医）に大きな影響を与える可能性が高いと考えられる。ウィズコロナの流れのなかで、若くＩＴリテラシーの高い人や忙しい人は、オンライン健康相談から患者自らが判断する流れになっていくだろう。さらにオンライン診療を許可するということは、いくら地域の制限をしたり診療報酬で抑制したりしても、医師受診のかなりの部分がオンラインに流れることになるだろう。そしてこれは、地域ごとに医療を完結させようとしてきた従来の行政側の思惑と大きく異なっていくことになる。

もしかすると、患者が減少することで廃業する町の開業医（通常はかかりつけ医）が出てきたり、勤務医に比べ開業医の人気がなくなったりすることで、かかりつけ医が減少するような事態も起こるかもしれない。この場合、オンライン化についていけない高齢者の医療が手薄になったり、地域包括ケアの要として位置づけられるかかりつけ医による医療が立ち行かなくなったりする可能性もある。

もちろんプラスの部分も大きい。ここでは、患者の利便性を改善することにフォーカスしてきたが、それ以外にも医療がさらに身近になることで予防が進み、医療費も削減につながるかもしれないし、データの共有化やＡＩの利用などを通じて無駄な医療が減るかもしれない。

▩地域医療との関連

しかしこれは、今までの地域で段階的に構成している医療制度に大きなメスを入れることになる。すなわち、まずはベースとなるかかりつけ医が一次医療を行い、次に地方の病院が二次医療を行う。そこでも手に負えない特殊な疾患は、大学病院などの三次医療を行う病院が診察する、といったピラミッド形の三層構造が、オンライン診療を行うことによって崩れる可能性があるのである。

わかりやすく言えば、患者がかかりつけ医を飛ばしていきなり大学病院等の専門医にオンラインで受診することが容易になるということである。もちろん、日本はフリーアクセスなので、今でもこういったことは可能だし、行おうとしている患者はいる。しかしながら現実には、距離の制約があり、たとえば地方の患者が、東京の国立がん研究センターをいきなり受診するといったケースは稀であろう。しかしオンライン診療が行われれば、このような距離の問題はなくなることになる。

ここで重要になるのは、以前の地域医療連携推進法人制度（地域において良質かつ適切な医療を効率的に提供するため、病院等に係る業務の連携を推進するための方針を定め、医療連携推進業務を行う一般社団法人を都道府県知事が認定する制度[9]）の創設で、厚生労働省がどのように規制をしたかということである。企業で言えばホールディングカンパニー（持株会社）に当たるこの制度は、医療機関の集約や統合に便利で、理屈上は地域を選ばない。しかし、厚生労働省としては二次医療圏などの地域を原則越えずに地域医療連携推進法人をつくるという方針にした。これはかつて、中小規模の小売店などと大規模スーパーなどが共存できるようにしていた大店法が廃止され、小規模な小売店が減ったようなことを防ぎ、地域医療を守るためである。同じことがオンライン診療でも起きるかもしれない。

■在宅医療とコロナ禍

オンライン診療がこの後も進んで行くかは、政治的な議論を待たねばならないが、もう一つ、コロナ禍において進捗が著しい分野がある。それは、在宅医療である。一般的には、在宅医療はコロナ禍でダメージを負ったのではないかと思う読者の方も多いかもしれない。しかし冷静に考えてみると、在宅医療の場合、自宅に診察に来るのは医師や看護師といった専門職のみであり、患者が接する人たちが不特定多数になるわけではないので、感染リスクがさほど高くない。そのため、コロナ禍において一部の患者には拒否されているケースもあるが、多くの患者に受け入れられている。

さらに言えば、病院に入院することを嫌う患者が増えたり、あるいは病院に入院することによって家族と面会ができなくなったりしてしまうなどの不便さを嫌う患者の不満を解消するためにも、在宅医療が選ばれているのである。加えて、在宅医療の場合はオンライン診療のように政治的な争いが起きる様子もない。すなわち、厚生労働省は従来から、家で人生の最期を送りたいという患者が多いというアンケート結果をもとに、在宅医療を推進していた。その流れからしても、今後さらに在宅医療は進むと思われる。

■在宅医療＋オンライン診療

ただし、今後進展していくであろう在宅医療も、変化を遂げていく可能性があるという点にも触れておかねばならないであろう。それは、在宅医療とオンライン診療がミックスされうるということである。もちろん医師にとっては、ここまで述べてきたようなオンライン診療での制約は伴うが、たとえば医師が診察に行かずに、看護師がスマホなどで患者の様子を映して、遠隔地にいる医師に情報を提供し、医師は病院や診療所にいながら診察を行ったり、場合によっては家族が画像を撮影し、それを見て医師が診察を行ったりという形で、「在宅医療＋オンライン診療」のような状況も想定される。

これを押し進めれば、24時間患者の家を何らかの形で医療従事者がモニターするという状況につながっていき、ここまで進むと家自体が病室に近い状況になる。これは、在宅医療やオンライン診療といった次元を超えて、新たな医療の時代の幕開けとも言えるだろう。

3　コロナ禍の克服に向けて

■新型コロナウイルスは変異する

医療の未来については終章で詳しく述べるとして、本章の残りでは今後1～2年のスパンでのコロナ禍と医療について考えておこう。

大雑把に言えば、ウイルスは、比較的安定したDNAウイルスと、変異が多いRNAウイルスに分けられる。新型コロナウイルスはRNAからなるRNAウイルスである。これは何を意味するのであろうか。同じくRNAウイルスであるインフルエンザウイルスで考えてみよう。インフルエンザウイルスは自分の力では増殖することができず、感染した細胞のなかで自分の遺伝子のコピーを多数つくり増殖する。その結果、インフルエンザウイルスに感染した細胞のほとんどは死滅し、そこから多数のウイルスが広がる。

また、インフルエンザウイルスの遺伝子はRNAで、このRNAは誤ったコピーが発生しやすい。つまり、変異が起きやすいということである。一度、インフルエンザにかかったのに再度感染することがあるのは、このように変異したインフルエンザウイルスに感染しているからである。つまり、対応する抗体ができにくいということである。新型コロナウイルスの場合は、どうだろうか。

■新型コロナウイルスの再感染とウイルスの変異

さまざまな調査で、個人差はあるが新型コロナウイルスに対する抗体は2カ月の単位で減衰することがわかってきた。[10] これは、再感染が起きうるということを示している。さらに、インフルエンザウイルスのように変異の影響もあるようだ。遺伝子変異を起こした新型コロナウイルスに再感染した患者も報告されるようになってきている。たとえば、香港在住の33歳の男性は新型コロナウイルスのPCR検査を受けたところ、2020年3月26日に陽性と判定された。退院から4カ月後に当たる8月15日、スペインからイギリス経由で香港に帰国したこの男性が検疫所でPCR検査を受けたところ、再び陽性となって、二度目の感染が発覚した。そして、3月と8月に採取されたPCR検査用の検体を用いて、ウイルスのゲノム配列を調べたところ、それらは異なる系統のウイルスだった。2020年末から2021年になって、新型コロナウイルスの変異も大きな話題になっている。

再感染が起きるということは、今後の新型コロナ対策を考えるときに、かなり大きな課題となる。

■ワクチンの開発

新型コロナウイルスに対するワクチンの研究開発も盛んである。開発中の候補は全世界で約190種類にのぼるという。どうしても、ワクチンは免疫に作用するものであり、健常者に幅広く投与するというものであることから、副作用の解釈が難しい。最も先行していると言われているのが、大手製薬会社の英アストラゼネカとオックスフォード大学が共同開発しているアデノウイルスベクターワクチンである。2020年9月9日、イギリスの試験で被験者一人が原因不明の症状を発症し、第三者委員会による評価のためすべての試験を自主的に中断したが、第三者委の評価を経て同月12日にはイギリスで試験を再開した。

他にも、米モデルナのmRNAワクチン、独ビオンテックと米ファイザーのmRNAワクチン、米ジョンソン・エンド・ジョンソンのウイルスベクターワクチンなどの開発が進んでおり、日本国内でも大阪大学とアンジェスが共同開発するDNAワクチンなどの開発が進んでいる。

しかしここでも、インフルエンザのワクチンのことを思い出してほしい。産業医をしているとよく話題に出るのが、インフルエンザのワクチンを打ったけれどもインフルエンザになってしまったという話である。まさにこれこそ、その冬に流行しているインフルエンザと違う型にしか効果がないワクチンを打ってしまったということになる。

したがって、新型コロナウイルスワクチンに関しても、インフルエンザのワクチン同様、さまざまなタイプについて対応できるようなワクチンが必要となり、毎年ワクチンを接種しなければならなくなる可能性が高い。それは言い換えれば、インフルエンザウイルスと同様に、われわれが今後、新型コロナウイルスと共存しなければならないことを示している。

■将来の見込み

筆者は技術の進歩を信じる方なので、何らかのブレイクスルーがあることを期待している。ワクチンも最新のものなら、筆者の心配は杞憂に終わるかもしれない。しかし現状では、今まで述べてきたように新型コロナウイルスへの対策をとったとしても、すぐにはコロナ禍を終息させることはできないのではないかと考えている。

また、新しいウイルスが今後次々に生まれてくる可能性もある。もちろん、新型コロナウイルスのような世界的に流行するウイルスが次々に生まれてくるとは限らないが、ＭＥＲＳやＳＡＲＳといったレベルの感染症はたまたま日本では流行しなかったものの、同様の感染症が発生する可能性はある。

しかしながら、過度に恐れることが適切かどうか、筆者は疑問に思っている。というのは、２０２０年３月、４月に起きた世界中の大パニックは、まさに「医療崩壊が起き、命の選択が迫られる」という部分で大騒ぎとなった、と筆者は見ているからである。通常のウイルスは、もちろん何％かの確率で死に至ることがあるが、新型コロナウイルスほど多くの医療資源を必要とする新型のウイルスが、今後次から次へと発生するとは考えにくいのではないだろうか。

コロナ禍によっていろいろな変化が促進された、あるいはされるという見方もある。リモートワークの拡大もその一つかもしれない。筆者らも、大学院教育においてリモート授業を取り入れている。従来であれば対面がメインであったが、一部リモートを取り入れた対面とのハイブリッド等の新たな授業スタイルを模索することで、社会人の大学院生の利便性をより考えることもできるようになった。ここまで述べてきたように、ウィズコロナ時代が長期間続くとなれば、われわれの行動パターンも変わっていくであろう。プラスとマイナスの両方の側面を考慮しつつ、さまざまな部分での変化を前提に医療の未来を考えていくことも必要ではないだろうか。

注

１　厚生労働省医政局「ＩＣＵ等の病床に関する国際比較について」２０２０年５月６日（https://www.mhlw.go.jp/content/000664798.pdf）。

２　「『妊婦加算』が炎上した理由『事実上の妊婦税』か『周産期医療の充実』か？」税理士ドッコム、２０１８年９月17日（https://www.zeiri4.com/c_1076/n_584/）。

３　真野俊樹「論点　医療マネジメント　診療報酬議論に偏るな」『読売新聞』２０１２年５月３日付。

４　ドクターズ・ファイル「東京都、電話・オンライン診療可のクリニック・病院」（https://doctorsfile.jp/search/ft104_pf13/　２０２０年10月10日アクセス）。

５　「コロナかも？　不正確な情報が拡散する中、ＬＩＮＥでの健康相談が急増」BuzzFeed Japan、２０２０年４月17日（https://news.yahoo.co.jp/articles/cdcf177b24a629108fb26cd0da0137c9160136d）。

６　「低い報酬、『コロナ相談歓迎』掲げる皮膚科医…ＬＩＮＥ健康相談の闇　現役社員『ＷＥＬＱのことが頭に浮かんだ』」BuzzFeed Japan（https://news.yahoo.co.jp/articles/80629fb846c67ec9b2b33c185dc8bae4f37d439f）。

７　「利用者の半数が受診をやめた　ＡＩチャット・ドクターは医療費抑制の切り札になるか」『ＭＩＴテクノロジーレビュー』２０１８年11月12日（https: //www. technologyreview. jp/s/108742/your-next-doctors-appointment-might-be-with-an-ai/）。

８　２０２０年８月のカイザーセミナーより。

９　厚生労働省「地域医療連携推進法人制度について」（https://www.mhlw.go.jp/stf/seisakunitsuite/bunya/0000177753.html　２０２１年２月５日アクセス）。

10　「コロナは『再感染』ある　米国や香港で事例確認の論文」日経スタイル、２０２０年９月24日（https://style.nikkei.com/article/DGXMZO63915800W0A910C2000000）。

終章 医療とIT、そして専門家の未来

1 医療技術の進歩がもたらすもの

■医療や健康意識が生活の一部に

コロナ禍によって、国民が自らの健康や免疫力、あるいは感染症などについて非常に詳しくなった。ネット上を探してみれば、新型コロナウイルスやこれに基づく感染症についての話だけではなく、日本やアメリカ等の医療制度の話、免疫力を上げる話、運動などによる健康増進の話が、かなりの頻度でみつかる。

アメリカのように国民皆保険でない国においては、こういった現象は以前から観察されていた。筆者がアメリカに視察に行った際にも、通常の市民の人が、病気について、あるいは医療制度について結構な知識を持っていることに毎回驚かされたものである。

しかし日本は、国民皆保険制度であり、医療を必要なときに受けることができるということが、医療があたかも人間にとっての空気のような存在であって、まったく意識されていなかったと言えよう。ここにコロナ禍が大きな変化をもたらした。今では、普通の日本人であっても、アメリカが国民皆保険制度でないことを知っている人はかなり多くなっているのではないだろうか。

しかし実は、コロナ禍以前から、医療は徐々に身近なものになっていたのだ。また、本章5節以降で述べるが、医師などの専門家のあり方が少しずつ変わってきていることも見逃してはならない。

医療がより身近なものになりつつある最大の理由は、超高齢社会を迎え、病気や介護などがきわめて身近になってきたということである。これは、テレビで健康・医療番組が増えていることからも裏づけられるし、若い人も健康に対する関心が増している。皇居の周りなどは、老若男女を問わずランナーが群れを成している。その結果、10年前に比べれば、国民の医療や健康に関する知識は増加している。そして、そのうちの多くが食事や運動など日々の生活に関連があるために、医療がより身近なものになってきているのである。

一方、医療保険制度においても、高齢化に伴い生活のなかに医療が埋め込まれてきている点を考慮しなければならない状況にある。要するに、糖尿病などの生活習慣病などは、治癒する病気ではないし、日々の生活にも大きく影響する。また、高齢者で問題になっている「フレイル」、つまり加齢に伴い筋力が衰え、疲れやすくなり家に閉じこもりがちになるなど、年齢を重ねることで生じやすくなる衰えなどへの対応も迫られている。

■歴史の流れのなかでのコロナ禍

今回のコロナ禍は、大きく言えば人類の歴史のなかでどのように位置づけられるだろうか。この問いに対し、筆者は、コロナ禍によって起きる変化の多くは歴史の大きな流れに乗った変化であり、コロナ禍がその変化を加速している、という立場をとる。もちろんすでに述べてきたように、病院の数や医療提供体制などの部分で、もしかしたら先祖返りしなければいけないものがあるかもしれないが、やはり科学技術の進歩によってＩＴ化やＡＩの導入が進んでいくなかで、１００年前のスペイン風邪のときと現代では対応がまったく異なっているであろう。そのことから考えても、やはり歴史の大きな流れは変わらないと思われる。

ここで言っている歴史の大きな流れというのは、グローバル化やＩＴ化のことである。グローバル化については、コロナ禍によってその流れが縮小するのではないか、という意見もあるだろう。ただ、グローバル化は必ずしも人がリアルに移動しなければならないとは限らない。コロナ禍によって、実際に人が移動して何かを行うというシチュエーションは、国内外を問わず減少する可能性が高いと考えている。しかし、逆にＩＴの進歩、特に5Ｇのような通信技術の進歩により、その場に行かなくてもその場にいるのと同じような効果を出す、といった状況は起こりうる。ここ1、2年では変わらないかもしれないが、数年から10年程度のスパンでみると、その方向へ変化していくと考えられる。

さらに語学についても、自動翻訳技術の進歩により、自分が日本語で話し、相手が英語で話していてもコミュニケーションがとれる、という時代もそう遠くはないだろう。このようなことを考えると、人がリアルに移動するという意味でのグローバル化の進展は遅れるかもしれないが、情報という意味でのグローバル化、そして国境を越えて患者の医療情報共有が進むことで、たとえば現在はほぼ停止状態にある医療ツーリズムなどの動きは、むしろ加速していくのではないだろうか。

■医療技術の応用範囲の変化：ヒトをより健康にする医療のゆくえ

一方、医療技術の進歩も留まるところを知らない。近年の治療技術の進歩について、筆者が注目しているものは二つある。一つは遺伝子に基づく診断・治療であり、もう一つは免疫関係の治療である。

もちろん、免疫関連の遺伝子の異常を診断・治療することによって病気が治るケースもあるので、これらは二律背反ではない。しかしながら、筆者がこの二つの事象をあえて取り上げたのには理由がある。それは、この二つに関する技術進歩が、従来の病気に対する治療という概念と異なる意味を持つ可能性があるのではないかと考えているためである。つまりこの二つは、ヒトをより健康にする技術進歩であるということだ。

■最先端技術の例

ここで、遺伝子学と免疫学の両方の考え方を使った最先端の治療を一つ紹介しよう。2019年3月26日に、「キメラ抗原受容体発現T細胞（CAR-T細胞）」という特殊なタイプの白血病やリンパ腫に効果がある薬剤が、日本での薬事承認を受けた。[1] T細胞とは、そもそもわれわれの体にある免疫をつかさどる細胞の種類であり、がん細胞を攻撃するなどの機能を持つ。CAR-T細胞療法の場合には、がん細胞を攻撃する機能が増強され、高度に個別化された免疫細胞療法になる。

個々の患者から採取されたT細胞は、がん細胞やその他の細胞の表面に発現する抗原を特異的に認識し攻撃するよう、遺伝子導入により改変される。改変されたCAR-T細胞が患者に投与されると、がん細胞を認識し攻撃する。さらに、攻撃する際に伝わる刺激により、CAR-T細胞自身が患者の血液内で増殖する、というまさに最先端の治療法である。

高齢化による医療費増大と医療需要の増加という状況のなかで、従来の保険診療の拡大は見込めない。図2-5(52-53頁)に示すように医療費は年々増加しており、財政的な制約のために、今後は医療費をあまり増やせないとすれば、超高齢社会で医療需要が増えるなかで、医師一人当たりの労働量が増える可能性がある。医師も経済的な安定を図るため、これまで医療行為とされていなかった保険適用外診療を増やしていかなくてはならない。その際、いわゆるSFの「超人養成」のような、健康な人をより健康にしたり、加齢を食い止めたりする医療が考えられる。

▒遺伝子技術の進歩と免疫

言うまでもなく遺伝子異常は、がん遺伝子のように後天的に変化するものもあれば、その個人の生まれつきの異常の場合もある。後者を病気、あるいは病気の原因とみなせば、疾病の治療でもあるが、性格のようにその人の「個性」とみることもできる。そして、先天的な遺伝子異常を持って生まれた人が、病気を克服するものが遺伝子治療ということになる。

先ほど例に挙げたように、現段階での遺伝子治療は遺伝子異常による疾病に対して行われる、あるいは遺伝子改変の技術を使って病気をより個別性を持って治療するものである。しかしより頭が良くなる、あるいはより感染に対しての抵抗力が強くなるなどといった、「超人養成」のような変更を加えることも可能である。

持って生まれたものである免疫力は、当然個人によって異なってくる。したがって、免疫力の弱い人は感染症などの病気にかかりやすく、場合によってはがんになりやすくなる。しかしながら、免疫力の強い人は感染症にかかりにくくなる。たとえば、インフルエンザになりにくく、がんにもなりにくいかもしれない。もっと言えば、古来より人類共通の願いの一つでもある不老不死を目指すような状況である。そして現代の技術では、こういった遺伝子の改変がある程度可能になってきているのである。

■医療を三つに整理する

これらをふまえると、鳥瞰的には、診断・治療を含む医療を三つに整理して考える必要があるかもしれない。一つめは、今までの医療である。ここでは医療保険制度の根幹になるもので、がんや脳卒中、心筋梗塞・狭心症など死に至る可能性がある疾病、あるいは外傷による怪我など、言い換えれば身体の異常を回復する、ということが目的である。前述したCAR-T治療は、免疫学や遺伝学の最先端の知見を使用しているが、範疇としてはここに属する。

二つめは、生活習慣病や花粉症などへの対応である。放置しておくと、脳卒中、心筋梗塞・狭心症など死に至る病につながる糖尿病などの生活習慣病には、遺伝的な要因に加えて環境要因も混ざっていることが多いので、「自己責任」が強調されることも多い。しかし多くの国では、これも医療保険制度の範疇として対応がなされている。花粉症なども、新しい薬や治療法で、生活の質が改善する。ただし、脳卒中、心筋梗塞・狭心症などのひどい病気になる前の「予防」、あるいは、もっと手前で生活習慣病になる前の「予防」などには生活習慣が入ってくるので、どこまでを医療保険制度の範疇にするのかが難しい。

三つめは、先にも触れた「超人養成」とでも言うべきものである。健康なヒトをより健康に、がんにならないようにする、あるいは加齢を食い止める、などといった視点である。ここでは、まったく医療保険制度は無関係になるか、保険でカバーする場合にも金額が高額になるので、対象を考えなければならないはずだ。ただしこの場合には、ワクチンと同じく健康な人に投与することになるので、副作用（ワクチンの場合には副反応ということも多い）が許されない。そのため、技術開発はかなり難しいだろう。この分野で興味深いのは、本庶佑氏のがんに対する免疫医療薬のオプジーボ®である。免疫は本来、生体に備わった異物を除去する働きであり、免疫機能は、細菌やウイルス、がんといった生体にとっての異物を除去する。本庶氏の免疫医療は、がん細胞がこの免疫力を弱らせることができないようにするものである。この考え方をつきつめれば、がんにならない究極の身体ができるかもしれない。

加齢を食い止めるという点でも、たとえば高齢者にとっては避けて通れないアルツハイマー病をきわめて早期の段階で発見し、発病を食い止められないかという研究がなされている。当然症状もない、通常の加齢と考えられているタイミングでの介入が必要となる。

ここでの問題提起は、二つめと三つめの医療の境目はかなり曖昧ではないか、あるいは今後曖昧になっていくのではないか、ということである。

■技術進歩は万能ではない

次いで、技術進歩の負の部分、あるいは注意しなければならない点を、今回のコロナ禍に絡めて考えてみよう。コロナ禍がいつ収束するのかを考えたときに、一つはインフルエンザのようにワクチンができるという可能性がある。しかし、ワクチンをつくるのはなかなか難しく、2020年12月になってようやく、アメリカやイギリスなどでワクチンの投与が始まった。

レムデシベル、ステロイドなど、すでに他の疾患で使われている薬剤はワクチンに比べれば早期に承認され、使われるようになっている。また、筆者が以前の論説で述べたように[2]、日本の場合は治験が終了していなくても個人の意思で患者申出療養制度などを通じてそうした未承認の薬剤を使用することはできる。特に、アビガンは日本ですでに他の疾患で承認されているので、使われているケースも出てきている。しかし、もちろんC型肝炎ウイルスの特効薬であるハーボニー®などのようにウイルス自体を完全に除去してしまう薬は別だが、薬剤には予防効果がないので、それができたからといって、皆がウイルスを気にせずに自由に出歩けるようになるかと言えばそうでもない。

ここで、検査方法の復習をしておこう。PCR法は非常に有名になったのでここでは詳細な説明をしないが、現在その人の身体にウイルスが存在しているかどうかを調べる検査である。逆に、新型コロナウイルスの場合には潜伏期があり、ウイルスが身体にいても症状が出ていない（不顕性感染）ような場合もある。

一方、抗体検査は、あくまで過去に感染したことがあるか、あるいは現在感染しているかを調べるものである。簡易的に新型コロナウイルスの感染を調べる抗原検査のキットも導入されている。抗体とは、ウイルスや細菌などの外敵が体内に侵入したときに、それを排除しようとして体内でつくられる物質である。この抗体には何種類かあるが、今回重要なのは外敵の侵入後早期につくられる「ＩｇＭ」という抗体と、長期的な免疫を確保する免疫の真打とでも言うべき「ＩｇＧ」の二種類になる。通常ＩｇＭは二日から一週間で高値になり血液中で検出される。ＩｇＧは、少し遅れ一週間から二週間でつくられ、検出されるようになる。

ここで重要なのは、感染しているかではなく、未来に感染しないかどうかである。まだ新型コロナウイルスに関しては１００％答えが出たわけではないが、通常一回感染すれば抗体ができて二度と同じウイルスには感染しないことになる。風疹や麻疹などの通常の感染症ではそれが言える。ただし、新型コロナウイルスの場合には変異種の出現もあり、一回感染した人がまた感染したという話もあるので、一回感染した、あるいは抗体ができていれば、１００％この病気を防ぐことができるかどうかは現時点ではまだわからない。

■抗体検査の社会学的視点

抗体検査はＰＣＲ検査に比べて検査の結果が出るのが早いので有用だという見方があるが、先に述べたように、新型コロナウイルスのような不顕性感染が多く、いつ感染したかもよくわからない病気においては、検査のタイミングが早過ぎれば数字が表れてこないので診断が難しい。

一方で、抗体を持っているということは、かなり高い確率で新型コロナウイルス感染症にかからないということを示すのも、また事実である。したがって、抗体検査はウイルスにかかりにくいということを証明することができる検査とも言えるのである。筆者は、技術的な問題、すなわち抗体がどこかでまたなくなってしまう可能性を確認すること、あるいは抗体をどの程度持っていれば新型コロナウイルスに感染しないかを確認すること、といった問題はあるものの、それらの問題は技術やデータの蓄積によって解決すると考えている。

しかし、抗体検査の普及、特に強制的な普及には社会学的に見たリスクがある。この抗体検査には、使用方法が二つあることに注意が必要である。一つは、集団免疫が達成できているかどうかという調査である。詳細はこの分野の専門家に譲るが、集団免疫とは全国民の6〜7割が感染していれば、つまり抗体を持っていれば（ワクチン接種でもいいのだが）、それ以上は感染が広がりにくいという考え方である。抗体検査では、国民の6〜7割の人たちが免疫を持っているかどうかを調べることができる。そしてこの場合は、大規模に検査を行う必要はなく、中小集団から推定することも可能である。実際、アメリカやヨーロッパの多くの国が大規模に抗体検査をすると言っているのは、集団免疫の割合をみつけるためではない。動ける人をみつけるためである。簡単に言えば、抗体を持っている人は街を出歩いてよしとする一方で、抗体を持ってない人は感染のリスクがあるので家にとどまり続けなさい、ということである。つまり、抗体を持っている人は外出したり、日常の生活を送ったりできるということを意味する。

ただし、大規模抗体検査では解決しない問題は、抗体の有無によって「格差」が生まれてしまうということである。簡単に言えば、抗体を持っている人は外に出て働いてお金を稼ぐこともでき、娯楽に供することもできるが、抗体を持っていない人は家に閉じこもり続けなければならない状態が予想されるのである。これは、いかに技術が進歩しても解決できない。在宅勤務においても職種によってできる・できないについての議論があるがごとく、そしてそれで「格差」だという不満が起こっているがごとく、大規模に抗体検査を実施して動ける人と動いてはいけない人を選別することは、社会の新たな「格差」を生んでしまう「諸刃の剣」なのである。

ここで、もう一つの「諸刃の剣」として、少し医療から離れるが、ＩＴによる情報集約や管理がいかに大きな影響があるものなのかを考えてみよう。

2　ＩＴによる管理と社会保障

■アント・フィナンシャルの上場を止めた中国

「ＩＴによる情報集約や管理の影響」という論点は、ＩＴの進歩により、ＩＴ上でのプラットフォーム化が進んでいったときに、社会保障がどうなるのかという、それだけで一冊の本が書けそうな話である。まず、ＩＴによる管理で、新型コロナウイルス感染を食い止めたとされる中国の例を挙げておこう。

２０２０年11月に、すでに本書でも触れたアント・グループの上場が、中国政府によって止められた。[3]世界最大のＩＰＯとも言われていたこの上場を、なぜ中国政府が止めたのであろうか。この会社は、アリペイという決済システムを持っている。決済を行うには、その人の信用力が問題になる。信用力とは、ここでは決済したお金をきっちり支払うことができるかを指している。この信用力の調査を行っているのが、Ｅコマースで有名なアリババの子会社であるアント・フィナンシャルの芝麻信用であった。

第1章でも紹介したが、芝麻信用は次のようなものである。信用度を３５０～９５０点の範囲で格付けし、その点数を与信や金利優遇などの判断材料にするほか、本人にも公開しているもので、信用の点数化は五つの領域、①身分特質（ステータスや高級品消費など）、②履約能力（過去の支払履行能力）、③信用履歴（クレジットヒストリー）、④人脈関係（交友関係）、⑤行為編向（消費面の際立った特徴）、に分けて行われている。

このような、信用力の調査に基づいて、決済やお金の融資を行うことができるようにするというものであるが、中国政府から見れば、国家が持つべき金融機能を、ＩＴ企業が持ってしまうことへの警戒感が大きく、ＩＰＯを取りやめさせる事態につながり、さらには業態への監査も行っている。

■ＩＴを医療保険に応用

同じように、国家の役割である社会保障に対しても変革がありうる。アント・フィナンシャルが提供する「相互保（シャンフーバオ）」は、芝麻信用スコア650以上のユーザーを対象にした、相互の助け合い、言い換えれば保険の仕組みである。

ユーザーは、アリペイアプリから、「相互保」への参加ボタンを押すだけで参加でき、参加時には保険金を一切支払う必要がない。この保険に参加すれば、自身ががんや心筋梗塞といった指定された100程度の重大疾患を発症した際（風邪など軽微な疾患は除く）に、実際に必要とした医療費を保障してくれるというものである（上限額は設定されている）。ちなみに、保険加入時点で、リスクが高そうな60歳以上の人や心臓疾患や糖尿病患者などに罹患しているユーザーは参加できない。

話のポイントはこの後である。重大疾患に罹患した患者は、治療の際に医療機関からの書類や領収書などをアリペイアプリからアップし、保険金請求を行うのだが、患者がオンライン上にアップした申請書類は、個人情報に配慮した形ですべての「相互保」参加者が確認し、承認できる。その期日ごとに承認された医療費合計を参加者全員で割り一人当たりの期日負担金が確定し、アリペイ口座から自動的に負担分を引き落とされるのである。ちなみに、各ユーザーの一つの疾患事例に関する最大負担金は0・1元と定められているという。[4]

この動きはいくつかの点で非常に興味深い。一つめは、前払いでなく後払いの保険、という画期的なアイデアである。さらに二つめは、自分が認めた場合にしか払わないという形で、自分のお金の使い方に対しても納得感があるという点である。つまり、ITというプラットフォームは個々人が自分の意見を主張しやすいという点で、非常に民主的でありうると言えるだろう。中国で民主的と言うと少し不思議かもしれないが、たとえばエストニアのような国では投票はオンラインで行われており、非常に投票率が高い。一方、アメリカでは郵便投票がいまだに行われており、2020年11月の大統領選挙でも郵便投票によって開票が遅くなるといった問題まで生じた。

三つめとして、こうした社会保障に似た仕組みを、国ではなく民間企業が提供しているという点でも興味深い。一方では、芝麻信用の点数が低い人や、すでに病気を持っている人はどうするのか、という社会保障としての大きな欠点が残る。

■社会保障を提供する主体はどこか

この三点のうち、ここでは「社会保障を提供すべきなのは国なのか、民間なのか」というきわめてチャレンジングな問いについて考えてみたい。当然、社会保障は国の責務とされているが、誰がお金を持っているかという視点と、お金を持っている人たちが社会的貢献をしたいと思っている場合が多いという二つの点を考えると、民間あるいは個人の役割として結構違う世界が見えてくることもある。

さらに言えばITの場合、参加者一人に追加的なサービスを提供するための限界費用が非常に低いので、1000人に提供するサービスでも100万人に提供するサービスでも、追加費用は非常に少ない。すなわち、アメリカであれば「GAFAM」(Google, Amazon, Facebook, Apple, Microsoft) と言ったプラットフォーム企業が、このようなヘルスケアサービスに、社会的な視点を強く持って参入するという見方である。GAFAMの年間売上高の総額は、中東最大のサウジアラビアのGDPを上回る。もはや国の規模であり、かつ人々の生活に欠くことができないプラットフォームになっている。

最近、「公益資本主義」ということで企業も社会に貢献する仕方として、単に税金を支払うというだけではなく、そもそも社会的な存在であらなければならないという考え方が根づいてきた。特にGAFAMのように、生活者になくてはならなくなっているプラットフォーム企業はそうあるべきであろう。逆に、これからは国としても、こういったプラットフォーム企業とうまく付き合っていくことが必要になるのではなかろうか。

そこで、以下では少し経済について考えてみたい。特に、持つ者と持たざるものでの格差の拡大に影響しそうであり、かつ未来を占う鏡として、株式市場について考えてみよう。

3 実態経済と株式市場のゆくえ

■コロナバブルの形成?

新型コロナウイルス感染症によって、各国の経済は非常に大きなダメージを受けた。最初は中国、次いでヨーロッパ、アメリカ、そして新興国もその洗礼を受けた。しかしながら、先進国の株式市場はコロナ禍のなかで空前の活況を遂げており、実体経済との乖離が指摘されている。たとえば、全米経済研究所(NBER)は2006年6月から始まった景気拡大がすでに後退局面に入っているとしているが、アメリカのナスダック市場では、株価が2020年6月8日に当時の史上最高値を記録した。いずれにせよ、実体経済と株式市場の乖離は著しいようにみえる。

2000年のITバブルや2008年のリーマンショックなど、今までに経済に影響を与えてきた現象は多い。しかしコロナ禍は、その原因が経済の外部のものであったという点で、近年の経済危機のなかではきわめて異例と言ってもいいであろう。つまり、現在予想されている経済危機は、新型コロナウイルス感染症により世界がロックダウン等を強いられ、そのために観光や娯楽、食事といったサービス業から、サプライチェーンの崩壊により製造業にまで影響が及ぶということである。さらには、状況によって企業が破綻していくことで金融危機も引き起こすかもしれないという悲観的なシナリオがあった。そういったシナリオを回避するために、世界各国が積極的に金融緩和などの金融政策や財政出動を行い、金融危機にまで至らないようにし、一方では消費を喚起して需要減が起きないようにするといった政策がとられているわけだ。

原因と結果の関係で考えると、新型コロナウイルス感染症の発生が原因であることは明確なので、それが経済に対して最も強いダメージを及ぼすと考えるのが普通だろう。もちろん、その後に金融政策や財政出動といったことで経済のダメージを最小限にしようとしているわけだから、財政出動の額の大きさなども勘案しなければならない。しかしそれは、本来はダメージを回復するために行っていることであり、乗数効果のような効果の増幅はありうるにせよ、やはり根本的には、感染者の数、死亡者の数といった新型コロナウイルス感染症が直接その国に与えたダメージが経済、特に実体経済に表れると考えるのが自然だろう。

■実体経済との乖離

そうした視点で考えると、実体経済を示す経済指標はまだはっきりしてこない部分があるが、実体経済の先行指標である株式市場における状況は、その国が受けたダメージとはまったく異なっていると思われる。具体的には、世界有数規模の株式市場を持つ、アメリカ、中国、日本を見てみたい。まずダメージの大きさであるが、中国は感染源であるということもあるが、感染が比較的早期に収束し感染者数や死亡者数もさほど多くない。一方、アメリカはまったく状況が逆で、感染者数・死亡者数ともきわめて多くなっている。

非常に荒っぽい言い方ではあるが、新型コロナウイルスによるダメージは中国に比べ、アメリカの方が数段大きいと考えられる。しかし奇妙なことに、株式市場の動きとして上海総合指数、香港ハンセン株価指数とアメリカのナスダック総合指数、ニューヨーク証券取引指数を考えてみると、ダメージの小ささを反映してか下落率は中国が少ないが、アメリカの方が回復幅が大きいのである。

■乖離の原因

筆者は、このような結果になっている理由は二つあるのではないかと考えている。一つめの仮説は、財政出動や金融緩和で空前の金余りになり、その金が株式市場に流れ込んでいる、つまり、あくまで金融の影響であって、実体経済と株式市場はまったく乖離している、ということだ。

ここで、日本について考えてみたい。アメリカ同様に回復は早く、なかでも新興市場であるマザーズの回復が早かった。日本では財政出動や金融政策も、アメリカに比べるとあまり大きく行えていないと考えられるが、それは日本においては感染者数や死亡者数が少なく、経済へのダメージが比較的少ないからだろう。

もう一つの仮説は、新型コロナによるダメージが単なるダメージではなく、未来への変化のアクセラレイターとして作用しているという考え方である。アメリカで新興企業向け市場であるナスダックがいち早く、そして2020年12月では、ダウ平均株価も最高値を更新している。

後者について少し説明すると、テレワークに代表されるようなデジタルトランスフォーメーション（DX）、あるいは第四次産業革命とでも言うべき変化がコロナ感染によって加速しており、近未来を反映している株式市場ではそれをいち早く取り込んでいる、という仮説である。変化の例として巣籠りに関して言えば、小売もデジタルや、デジタルとリアルの融合が進んでいる。生活にますます溶け込みそうなヘルスケアで言えば、オンラインでの対応や日常生活のモニタリングが進んでいるということになろう。

株価が上昇している企業を個別に見てみると、やはり今回のコロナ禍を時代の転機と捉え、その後の世界を見据えている会社の株価が史上最高値を更新しているようである。言い換えれば、GAFAMのようにハイテク産業においてイノベーティブな会社の株価が高いとも言えよう。

なお、中国も5Gをはじめハイテク化が進んでいるが、ナスダックのような新興企業向け市場は中国ではまだ規模が小さいし、比較的ハイテク銘柄が集まる深圳総合指数も上海総合指数と同じような動きを見せているので、全体としてはハイテク産業の動きは反映されにくいのかもしれない。あるいは、中国はすでにいち早くデジタル社会に突入しており、デジタル化では後進であるアメリカや日本に比べてDXによるさらなる変化は少ないと、投資家から思われているのかもしれない。さらに、株式市場には投資家の期待などの心理も反映される。その意味では、中国に対しては、さまざまな思いが交錯するであろうし、ワクチン開発などで先行しているといってもデータの信頼性などに疑問が持たれる。

現状をバブルとみるべきか、新たなる変化の序章とみるべきか。前者であれば、実体経済と株式市場の乖離は大問題かもしれない。しかし、後者であれば、もちろん金融緩和が続き、実体経済の回復のための努力をしていくという前提ではあるが、現在の状況も悲観だけではなく、「災い転じて福となす」ということで、必ずしも悪くない動きだと考えることもできるのかもしれない。

4 医療技術の未来

■技術進歩の未来

ここで、きわめて雑感的であるが筆者が未来について思うことを少し述べてみたい。第2章でも触れたが、ユヴァル・ノア・ハラリの『ホモ・デウス』という、世界的ベストセラーになった本がある[5]。この本を読むと、人間はデジタルで表現することができる、そしてAIなどの技術進歩によって、人間というものをアルゴリズムとして理解できるという内容に思われる。

究極的には、社会はそういった流れになるかもしれない、そして人類をミクロに分析していくという流れにおいて、遺伝子の技術進歩は著しい。実際、ヒトゲノムの解析はすべて終わり、それを改変することによってクローン人間の組成も不可能ではない時代になっている。すでに、AIがベートーヴェンやバッハと同様の作風で作曲をすることも可能であり、さらには死んでしまったペットの犬の脳を過去の自分との思い出を記憶したまま別の犬の脳に移植する、すなわち今までの想い出をすべて引き継いだ新たなペットも存在しうるかもしれない[6]。

こうした方向に人類が進んで行くことは間違いないかもしれない。しかし、よく言われることではあるが、ハラリは同書のなかで「感染症が基本的に克服された」という表現もしている。ところが、現状は必ずしもそうではなかったということが、新型コロナウイルスによって明らかになった。予言は100%ではない。

とはいえこのことは、ハラリの言う大きな意味での人類の方向性を否定することにはならないと思われる。繰り返しになるが、ここ数年から10年ぐらいの中期的なスパンで見ると、倫理的問題など、あるいは遺伝子を改変することのさまざまなリスクを回避するといった意味で応用技術としてのITやAIの方が、遺伝子技術よりも先に進展していくだろう。応用技術を使って人類がより快適に暮らそう、という方向性に進むのが現実的なように思われる。

その視点に立つと、健康を維持するということは何にも増して重要なことであろう。病気を治し、健康を維持してより幸福な人生を送るためにITやAIが応用技術として存在するという考え方である。医療や予防といった狭義のヘルスケアがますますわれわれの日常生活に組み込まれていくわけだが、とりあえずはこうした方向に研究が進み、われわれの生活に大きな変化を及ぼすのではないだろうか。たとえば筆者は、本書の原稿をGoogleの音声入力で作成し、その後で手を加えて執筆している。筆者のようにタイピングがそれほど早くない人間にとっては、この口述筆記のスタイルは非常に生産性が増していると考えている。

同じようなことは、医師が電子カルテを入力する場合にもありうる。医師と患者が話している内容をテキスト変換することもできるだろうし、ＡＩが進歩すれば、そのなかの要点のみをピックアップして記録するといったこともできるだろう。

■免疫技術の未来

そしてその裏側では、人間の身体そのものに対する研究も進んでいくであろう。すでに免疫に関連する具体例は述べたが、そこで触れた倫理的な問題やリスクがあるので、長期的な課題になるとは思われる。しかしコロナ禍が明らかにしたように、免疫力の強弱によってウイルスに感染するかどうかの、少なくとも一部は規定されるだろう。さらに言えば、健康な生活を送れるかどうかが免疫力で規定されることも想像に難くない。すでに述べた抗がん剤のオプジーボ®はＰＤ-１というがん免疫を落とすタンパク質に対しての抗体を作製することによってがん免疫力を強くするわけである（図終-1）。

こういった話を広げていけば、免疫力によってがんの罹患率が減ることもありうるかもしれない。そうなった場合、人類の次の課題はおそらく加齢となる。これが神経細胞に現れればアルツハイマー病になるが、加齢は人の身体の衰えを意味する。いずれはこういった部分の改変もできるようにな

図終-1　がん免疫治療薬の効果のイメージ

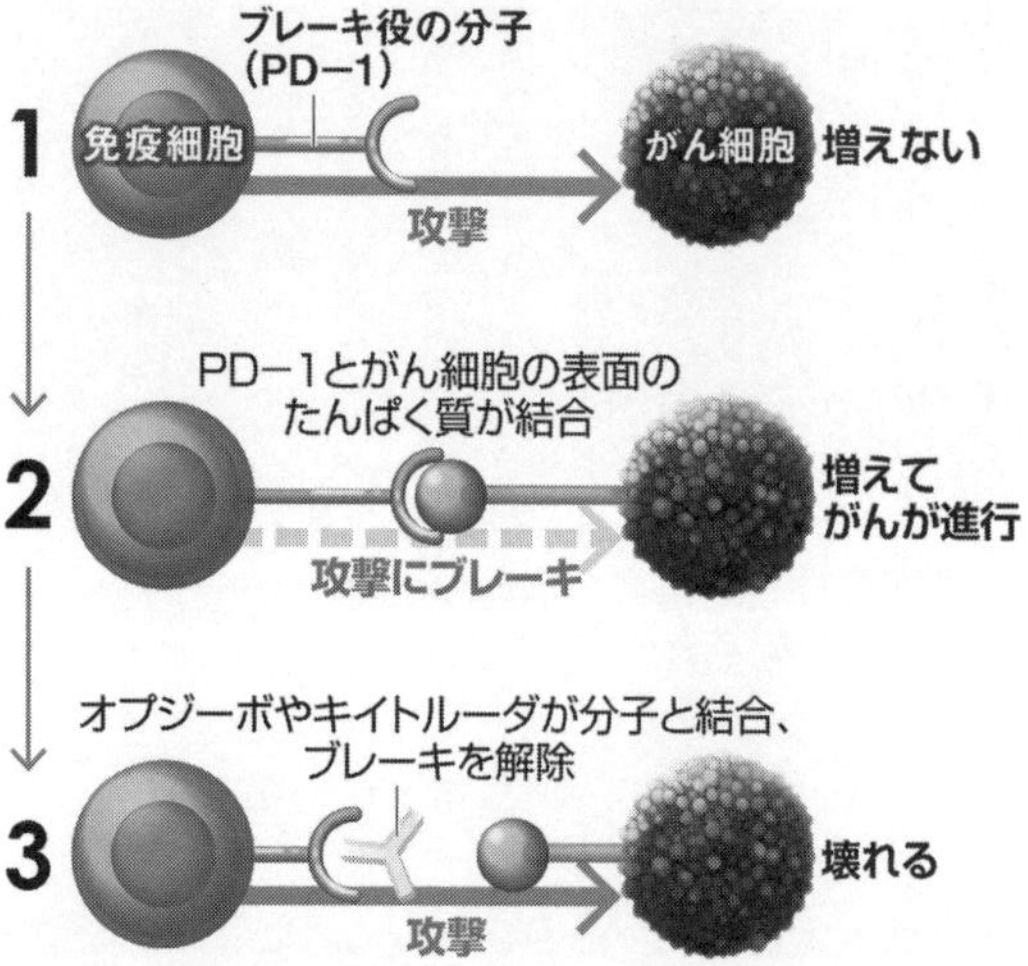

（出所）「臨床応用進む『がん免疫治療薬』多様な副作用も」朝日新聞デジタル、2017年9月27日（asahi.com/articles/ASK9V639TK9VUBQU00X.html）。朝日新聞社提供。

り、まさにその領域に達すると人類は神になると言えるのかもしれないが、これはさすがにかなり先の話だろう。

　ということで、本書をここ10年ぐらいの医療の変化を考えた書籍として位置づけると、やはり筆者はＩＴとＡＩによってわれわれの日常生活が大きく変化し、それにより医師を受診する行動、あるいは健康を維持することでより幸福になるといった行動パターンも大きく変化すると考えている。

　さて以下では、大きな流れであるＩＴ化の動きに関連して、医療リテラシーの必要性、さらにそうした変化の影響を最も大きく受けそうな医師などの「専門家」の未来を考えて、本書を締め括ることとしたい。

5　変わる専門家の役割

■専門家の役割

時が流れても、病院は病気を治すところであり続けるだろう。しかし人の役割は変わるし、変わりうる。以下では、医師を中心に「専門家の役割」について考察してみたい。

医師、会計士、教師（教授）等、は専門家であるとよく言われる。しかし他にも、コンサルタントや医療職、介護職、建築士など専門職とされる職種は多い。専門職に就く人をすべて専門家と呼ぶとすると専門家の数は非常に多くなる。では、何をもって専門家と言えばよいのだろうか。

厳密に定義するのは難しいが、『プロフェッショナルの未来』[7]では、専門家を次の四つの類似性を持つ職種として定義している。一つめは専門知識を有していること、二つめは何らかの資格に基づいていること、三つめは活動に関する規制があること、四つめは共通の価値観により縛られていること、である。この定義に基づけば、コンサルタントのみならず宗教家やジャーナリストも専門家にあたる。

もちろん医師を中心とした医療職は、この専門家にあたる。現在の医療においては医師だけが医療を提供する状況にはなく、チーム医療が求められている。実はこれも、専門家のなかの専門家でもある医師が変化を遂げなければならない点ではあるのだが、弁護士なども含め他の専門職にも同じようにチームで顧客に向き合うことが求められている。

つまり、変化の多くは単に医療分野だけの変化だけではないということである。後でも述べるが、宗教家が専門家と言えるかどうかは議論があろうが、合理的思考が復活した「中世の覚醒」[8]以後に、グーテンベルクの印刷技術により聖書の言葉が一般の人々に広がり、宗教家の権威が落ちていったことと同じような動きが起きているというのは、言い過ぎであろうか。

■専門家の優越

専門家は、世界において知識の管理活用を任された「門番」のような存在であった。少なくとも今までは、専門家はその役割を果たすことにおいて特権的な地位を与えられてきている。特に弁護士、会計士、医師といった専門家のなかの専門家にはそれが特徴的に表れている。

たとえば、医師のような専門家には、排他的な立場で一般の人にサービスを提供できるという特徴がある。そしてこの特徴は、患者との間の情報の非対称性があるなかで医療サービスの質を保証するために国家試験合格が義務化され、その代わりに業務独占が法律規定されていると説明される。しかしこのような情報の非対称性は、ＩＴの進歩によって徐々に変わってきている。

これまでは、役割上の特権のみならず、立場についても優越があったこともある。たとえば、江戸時代では、「『尾張藩の人見黍（弥右衛門）が、「医師は素より四民の内なれど、今は別の物なり。商人の外、医ほど利の多きものはなし』（『太平絵詞』）と記したように、医師に対しては通常の四民にはない特権が認められていた。例えば、『武家諸法度』によって上級武士以外に自由に乗ることが許されなかった駕籠の利用を僧侶と医師に関しては例外として認められていた。更に農民や商人の子弟でも医師のもとで医学を学び領主の許可を得れば開業が可能であり、その能力が優れていれば、幕府や藩に召し抱えられて下級武士並の待遇が与えられることも多くあった」[9]という。

今でも、教師、宗教家、医師は「聖職」としての名残がある。いきなりこれらの役割や優越がなくなるわけではないが、変化は起きそうである。

■専門家の死

本書では、ＩＴの利用についていろいろと述べてきた。医療ＩＴに限ったことではないが、ＩＴの利用は、大きく二つの場面で効果的である。一つは業務の効率化であり、もう一つは顧客との接点の円滑化である。

業務の効率化も重要である。一般にはＲＰＡ（Robotic Process Automation）といった言葉で表されるが、病院をはじめとする医療機関には、ＩＴを使って効率化できる業務は多い。よく言われるのは医療情報の共有化、在庫管理、スマホなどを使った患者情報などの入力、ＡＩを使った問診、会計業務の省人化、などなどである。

こうしたＩＴによる効率化を進めることで、従来は人が行っていた業務量がかなり削減される。そして、医療機関が年々忙しくなってきている状況下においてこういった業務の効率化は、医療機関にとっても受け入れやすいものになってきている。

しかし、対顧客である患者や生活者対応にＩＴを導入することについては、すでに本書でも「オンライン診療」という一つの側面で考えてきたが、それだけでもかなりの抵抗がある。それは、今から述べるように、ＩＴ化やそれに伴うＡＩの導入によって、少し大げさに言えば「専門家の死」、もう少し厳密に言えば、後述する「オーダーメイド専門家の死」が引き起こされるほどの変化が起きうる分野であるからだ。

前述の『プロフェッショナルの未来』によれば、専門家サービスの存在の条件は、人々が抱く知識へのニーズであり、それに応えるために専門家は信頼や新しい知識を維持するための継続的なトレーニングを行っている。そして、専門家に今後は四つのトレンドが起きるという。すなわち、

①オーダーメイドサービスからの撤退
②門番の迂回
③後手から先手へ
④より少ないコストでより多くのものを

というトレンドによって、専門家の時代が変わっていくとされている。

一つめのポイントは、従来の専門家による専門サービスはオーダーメイドであったということである。医療はこの典型例であって、患者個人の身体は人によって異なるので、個別化された医療サービスが必要とされてきた。さらに、ここに価値観の個別化が加わればなおさらである。そういった点では、オーダーメイドの方向というのは専門家が生き延びる一つの方向性と筆者は考えるが、これに対して二つの反対する意見がありうる。

一つは、医療はオーダーメイドというが、実際にはオーダーメイドでない医療サービスも結構多いのではないだろうか、という点である。軽医療がこれにあたる。もう一つは、本当にオーダーメイドのサービスができていたのだろうか、という指摘である。

これらは後述するように、家庭医としてのサービスが広がれば、疾患を診るのではなくて、家庭医としてのオーダーメイド医療サービスを提供するということで反論できる。ただし、この反論にはさらに反論が可能である。一つはオーダーメイドの、すなわち個別化した医療自体が医師一人ではできず、チームで行う。状況によってはチームのメンバーはリアルに同じ場所にいなくていい。さらには、チームのメンバーはすべてが人間でなくてもいい、といった考え方もありうる。しかし、だからといって医師の役割がなくなるわけではなく、むしろ医師がそういったサービス、あるいはチームの中心であればいいということにもなろう。

オンラインコラボレーションという新たな価値の創出手段も現れた。専門家のさらなる専門分化に伴い、オンラインで自分の不得意な部分を得意な専門家に相談するというものである。医療の世界では、画像診断、皮膚科、眼科などで盛んになった。これは、患者情報が画像として共有しやすいという点もあろう。

また、診断が仮にオーダーメイドでなかったとしても、手術などの治療は、本書でも繰り返し触れてきた遺伝子の差も考慮するとオーダーメイドにならざるをえない。したがって、高度医療や治療分野については専門家の出番であろう。

■門番の迂回、後手から先手へ

二つめのポイントは、門番の迂回である。後述するように、知識についての生活者の情報源は多様化しているので、これは十分考えられると思われる。ただし、一人ひとりの患者から得られる情報は体系化されておらず、医師などの医療職はそれを体系化した教科書なり教師から学ぶ。これが医学であるが、多くの情報を統合化するという能力はＩＴあるいはＡＩの得意分野でもあるから、変化が予想される。たとえば、教科書には書かれていない患者のちょっとした言動や症状が、生活習慣病やがんのように、長い時間をかける治療のポイントになったりするかもしれない。こうした点は、たとえば患者コミュニティのような場所で情報交換されているようなビッグデータを解析しないとわからないであろう。

三つめのポイントである「後手から先手へ」というのは、医療においては予防医療にあたる。専門家は、問題が起きてからそれに対応するというスタンスをとることが多い。すでに予防医療が注目されているように、難しい点は、専門家に相談しなければならないという状況にあることを生活者が認識するタイミングが必要であるということである。

生活習慣病に関して言えば、血糖値が高いということが健康診断などで認識されなければ、医療の専門家を受診する必要がないと思ってしまうだろう。ここは、前述してきたように、医療が生活の一部になることによって非侵襲的に血糖値がセンシングできれば、先手を打つことができる。しかし先手の部分には、旧来のスタンスを維持する専門家は、直接関与しにくいであろう。

■効率化

四つめのポイントは、より少ないコストでより多くのものを、という部分である。「効率化」や「費用対効果」と言われる分野であり、経済学や経営学では重要視される。しかし、専門家の世界ではこの部分は重要視されないことが多い。

これは、専門性のある仕事において、成果を測るのが難しく、成果給という形で評価することも通常は難しいので、弁護士や会計士などに見られるようにかけた時間に対しての請求になったり、医療や介護のように行った行為に対しての請求になったりすることが多いということである。

ただ顧客である生活者のニーズが、情報をまとめてわかりやすく知りたいといったことに限定される場合には、ＡＩは非常に素早く効率的にこの作業を行ってくれるだろう。一方で、専門的サービスの顧客が集まり、そのコストを分担するという考え方もある。本章2節で紹介した中国での医療保険に対する取り組みが、この考え方にあたる。

先にも述べたように、印刷技術の発展によって、聖書などを庶民が読むことができるようになったことで、宗教家の役割は大きく変わり、宗教革命まで起きた。宗教家は、神の代理人という「専門家」であり、庶民に宗教を通して心の安寧をもたらしていたが、その役割が少なくなったのだ。

同じように、情報技術によって、医学の解釈が容易になり、専門家である医師の役割が変わるか、あるいは減る可能性がある。ＡＩや患者情報を医師が効果的に活用していく、という方向性があり、これが一番望ましい。しかし、効果的であることと効率的であることは必ずしも同じではない。患者情報を得たり、ＡＩなど外部からさまざまな情報を得たりするには時間がかかる。少なくとも、今までに得た知識をもとに三分診療、というわけにはいかないであろう。すなわち、専門家の時間で考えれば非効率になるかもしれない。

ただし、ここまでの考察では道半ばと言えよう。もちろん、価値観は各自の考えであって、統一する必要はない。しかし、宗教にさまざまなものが生まれたように、多くの情報が乱れ飛ぶなかで間違った医学の解釈が起きる可能性がある。そこで必要になるのがヘルスリテラシーである。

6 どのように専門家と向き合うべきか

■求められるヘルスリテラシーの改善

世界保健機関（WHO）によれば、ヘルスリテラシーとは「個人のライフスタイル・生活の条件を変えることで、個人の健康や地域社会の健康を改善できるような、一定レベルのスキルや自信に到達できること」と定義されている。わかりやすく言えば、「生活者が医師の言っていることや提供してくれる治療・診断などをしっかり理解し、それに対し適切な対応をとること」と考えることができるだろう。

WHOや世界銀行、イギリス保健省で活躍したドン・ナットビームは「良好な健康状態の維持、増進のために必要となる情報にアクセスし、理解し、活用する個人の意欲や能力を決定づける認知と社会的スキル」と考え、専門的にはヘルスリテラシーを三つに分けている[10]（図終-2）。

問題は、日本においてヘルスリテラシーがかなり低いことである。海外の研究ではあるが、不十分なヘルスリテラシーの人々は、年間で一人当たり１４３～７７９８ドル余分に医療費が必要となる。[11]また、ヘルスリテラシーが不十分な人の傾向として、以下が指摘されている。[12]

図終－2　ドン・ナットビームによるヘルスリテラシー

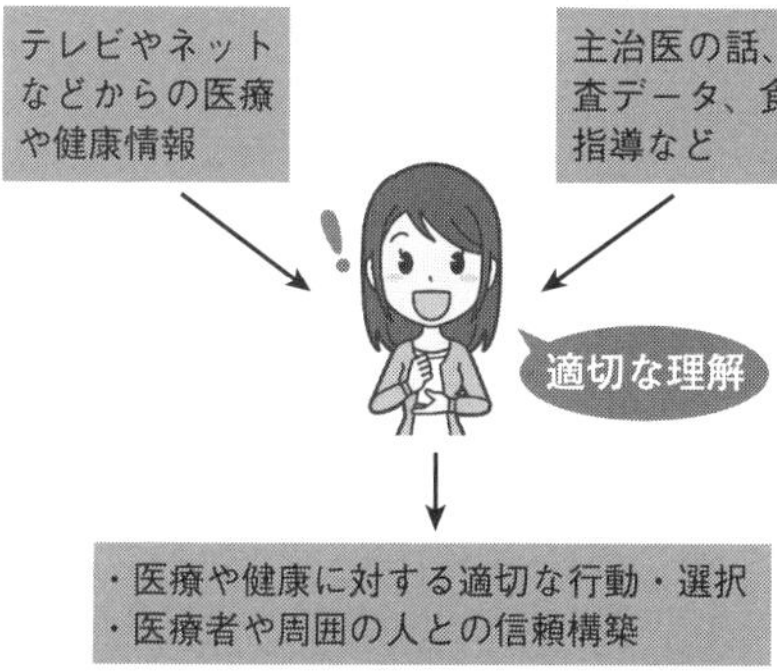

レベル1	機能的	・事実に基づく情報伝達。健康に対する知識の向上や、正しい行動を守る能力
レベル2	相互作用的	・受け取った助言に基づいて行動するための、意欲と自信を向上 ・新しい知識への適応
レベル3	批判的	・政治的、社会的な働きかけができるなど、より集団の利益と関わってくる ・情報の批判的吟味、人生をコントロールできる力

（出所）松村（2020）より。

・救急サービスを利用しやすい
・病気のために入院しやすい
・薬を適切に服用できない
・薬や栄養に関する表示を理解しにくい
・予防サービス（健診や予防接種など）の利用率が低い
・高齢者の死亡率が高い

日本は国民皆保険に慣れているためか、もともとの国民性なのかわからないが、新興国よりもヘルスリテラシーが低いという調査もある。ＩＴ時代においては、自らの価値観を主張する機会が増えるが、医療に関しては、でたらめな主張は文字通り「命に関わる」ので、ヘルスリテラシーを改善して、適切な知識のもとで主張を行うように改善していかねばならないだろう。

■メディアに対する付き合い方

次に、序章で述べた筆者とメディアとの関係について改めて考えてみよう。すでに述べたように「ダイヤモンドオンライン」で公表した最初の原稿である、イタリアと日本を比較した記事[13]は、以前にも増して多くの人に読んでいただき、Yahoo!のアクセスランキングでトップをかなり長い間維持することができた。オンラインの原稿なので、編集者もチェックはしてくれるが書籍のように細かな確認をしてくれるとは限らない。やはり速報性が命というのが、オンライン本来の特長でもあるからである。逆に言えば、その筆者がどのように感じているのかがそのまま出てしまうということになる。

特に、その次に公開した記事[14]には多くのコメントを頂き、匿名のコメントのなかには、ピント外れのものや辛辣なものもあったが、筆者にとっては参考になるものもあった。生活者の方も、本文のみならずコメント欄を参考にしてもよいと思う。欠点は、人気記事になるとコメントの数があまりに多いので、読むのに非常に時間がかかるということである。このあたり、ＡＩなどで有用度を判別してもらうようにした方がいいだろう。

ここまで述べてきたように、情報の生成および収集をめぐって、非常に大きな変化が起きているのは間違いない。個性と個性の相互干渉とでも言ってもいいかもしれない。ここで、少し大きな話になるが、歴史を振り返ってみよう。

■産業革命以降の大変化

歴史家であると同時に投資理論家である著者の本なので、多少合理的に過ぎるという見方もあろうが、ウィリアム・バーンスタインは、経済成長に不可欠な要素として、①私有財産権、②世界を精査解釈する体系的な手順としての科学的合理主義の確立、③新製品の開発や製造に対して幅広く誰でもが投資できるような近代的資本主義の成立、④大切な情報を素早くやりとりできる通信手段と人や物を迅速に運べる輸送手段、の四つを挙げている[15]（図終-3）。

そして、このような状況になってから、1820年前後になり経済成長のペースは急速に伸びたことを指摘している（図終-4）。

バーンスタイン

図終-3　経済成長に不可欠な四つの要素

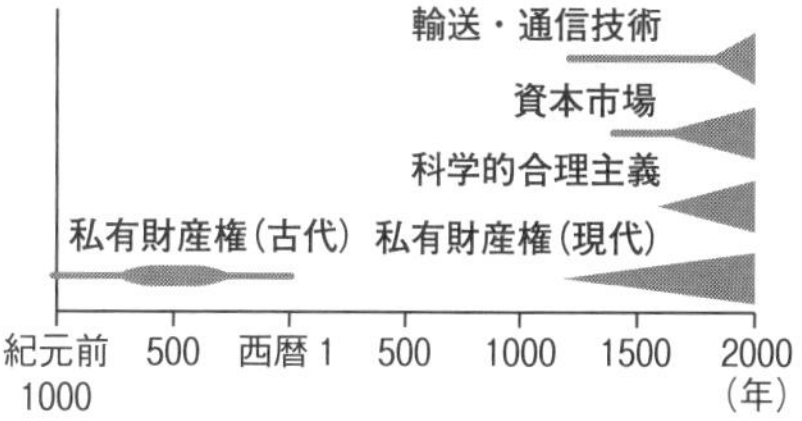

（出所）バーンスタイン（2015）、下巻、308頁。

図終-4　1800年以降の急速な経済成長

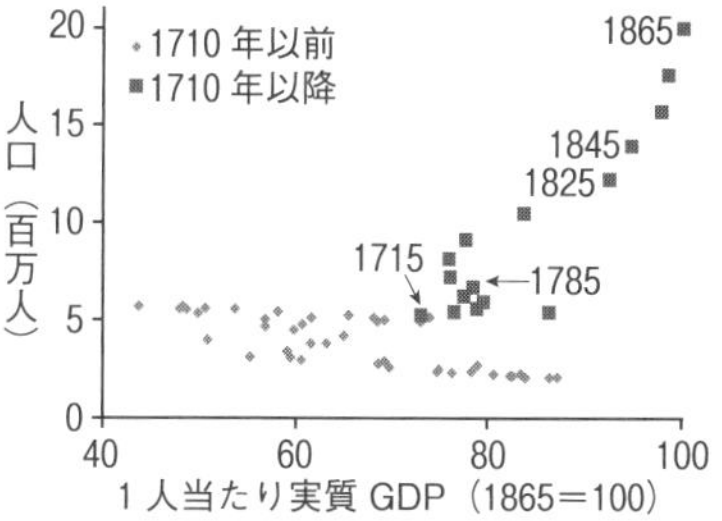

（注）人口データは、Michael Anderson, ed., *British Population History from the Black Death to the Present Day* (Cambridge : Cambridge University Press, 1996), 77による。1人当たり実質GDPは、Gregory Clark, "The Secret History of the Industrial Revolution," Working Paper, 2001による。

（出所）バーンスタイン（2015）、上巻、39頁。

は、何世紀かにわたる経済発展を測定するために、都市化率という指標も使っている。これは人口1万人以上の都市に住んでいる人間の全人口に占める割合であり、この割合から農業に従事している人の比率を推定する。古代ギリシャやローマ帝国では人口1万人以上の都市に住んでいる人口は非常に少なく、西暦1500年にヨーロッパ最大の都市であったナポリの人口は15万人と言われている。そして、中世ヨーロッパでは全人口の90％が農業に従事していた。またアメリカ合衆国では、1820年でも人口の70％が農業に従事していたが、1998年には全人口の2％になった。

農業従事者の割合をその国の貧しさの資料に使うことに対しては抵抗もあろうが、あくまでも超長期においての指標である。農業の場合には、やはり生産性はさほど高くないということが問題になる。さらに、西暦1年から西暦1000年までの間に、世界全体の一人当たりGDPは倍増か、せいぜいで三倍増なのに対して、1820年以降では1992年までの間に一人当たりGDPが八倍に増えているという。

■指標としてGDPがすべてか？

もちろん、GDPがすべてではない。実際、バーンスタインも文中で幸福度という指標を持ち出し、GDPとの関係性を議論している。これまた賛否両論あろうが、この本では、少し前のデータによれば幸福度は個人の豊かさと関係があるとされる。ただし、幸福はお金で買えるが、それは相対的なものでしかないとしている。すなわち、絶対的な金額よりも、周辺と比べてどれだけ豊かという相対的な見方で幸福を感じるというわけである。

環境も重要である。たとえば、水の都として有名なベネチアで、街を埋め尽くしていた観光客がコロナ禍でいなくなった。それにより、かつては濁って異臭を放っていた運河の水が透き通り、その中に無数の魚が泳いでいるのが見えたという。[16]

本書では、GDPと幸福度について議論するつもりはなく、このバーンスタインの本について長々と説明したのは、制度が重要であるということが言いたかったからである。それは先にも触れたように、ある国の長期にわたる繁栄と未来を決するのは、その国の制度、すなわち充実した四つの制度を備えていることであるという点だ（前掲の図終-3）。

1820年以降の経済成長においては、技術進歩が生産性の向上をもたらし、それが富を増大させ、その資本によって技術がさらに進歩した。現在の西側諸国は、成長に必要とされるこの四つの制度を備えている。そして、その他の新興国も同じような制度を持つようになってきている。先進国経済の成長率は毎年ほぼ2％ほどであるが、近年では途上国・新興国の方が成長率は大きい。

そして、ここまで本書で述べてきたようなITと医療技術の進歩がある。その意味で、それを第四次産業革命と呼ぶのか、何と呼ぶのかは別にして、しばらくの間は多少の上下はあるにせよ、GDPは増加し続けるのではないかと考えている。

一方、中国はこの四つの制度を完全な形で持っているわけではない。しかし擬似的に同じような仕組みをとって、急速な発展を遂げている。問題になるのは、抗体検査を例に述べたように、広がってきた格差の点にあるだろう。中国の制度はそもそも民主主義ではない。国際経済学者のダニ・ロドリックが2000年に発表した「国際経済の政治的トリレンマ」とは、国家主権、グローバル化、民主主義の三つの政策目標や統治形態のうち二つは達成できるが、三つすべてを達成することはできないというものである。西側諸国が、グローバル化、民主主義を選択し、中国は国家主権、グローバル化を選択した。本書で述べてきたように、ＩＴ技術はきわめて民主主義と相性がいい。その意味で管理の仕組みにＩＴをうまく使ってきた中国において、アント・フィナンシャルの問題に端を発する、「ＩＴ対国家」という問題が起きた。

中米対立のような国家間の対立の問題については本書がカバーする範囲を大きく超えるのでこれ以上踏み込むつもりはないが、医学という普遍的な知識および技術の源泉に基づきながらも、その国の文化や制度によって大きく影響される医療が今後どうなっていくかについては、単に社会保障制度や福祉国家という20世紀型の文脈だけではなく、さらなる技術進歩に基づいた大きな変化にどのように対応していくかが問われる時代になってきていると言えよう。その意味で、先に述べたように、今後10年前後の間にこれまで安泰であるとされた専門家の位置づけにも大きな変革がもたらされるのではないかと筆者は考えている。

■ 7割ディスカウント対サブスク

顧客（生活者）への課金の仕方も変化の可能性がある。経営学ではＩＴの進歩に伴って顧客への課金の仕方も変わってきている。「サブスクリプション」（サブスク）という考え方である。すなわち、限界費用が低いＩＴ分野では、たとえば映画の動画鑑賞などに代表されるが、１回の利用でも１００回の利用でもさほどサービスの提供にかかるコストは変わらない。そして一度契約した人が毎月毎月

100回の映画を見るわけでもないので、企業も利益が上がり顧客の方も毎回毎回課金されるという不快感を味わわなくて済むというモデルである。

IT企業においてサブスクリプションモデルがとられるようになったのは、主として顧客の視点からであるが、実はほぼ同じモデルが医療の分野にもあった。それはすでに述べてきた、医師への報酬に見られる、かかりつけ医への人頭払い制度である。これは専門家の立場から言えば、一つひとつ行った行為について逆に課金することを考えて医療を行っているわけではないという視点に立つ。すなわち、金銭を度外視して、患者にとって最良の医療を行っているわけである。これは、ある人はその年に多く病気にかかり医師の診察を受けたが、ある人は医療にお金をほぼ使わなかったといったことが起こりうることを前提としている。

ここで思考を巡らせてみると、たとえば第5章でも触れたように、イギリスではすでにAIをヘルスケア・医療に活用するスタートアップ企業であるバビロン・ヘルスなどの先進事例が起きているが、日常生活の中に医療が埋め込まれていく中で、簡単な相談業務を定額でAIが行う、といった仕組みの構築が可能である。

この場合、かかりつけ医を受診する手前に、定額のこのようなサービスが提供される形になる。保険診療はサラリーパーソン世代の患者にとって7割ディスカウントだが、それ以上の低価格で初診と未受診の間にAI診断をかませる、ということになる。これは患者にとっては保険診療より安いので、自由診療でかまわない。質の担保が問題になるが、そこは第三者機関で行えばいいだろう。もちろん、人対人の信頼感を重視する生活者は、今まで通り、直接かかりつけ医を受診するであろうが、選択肢が増えることになる。

■ 家庭医とかかりつけ医の差

ここで、かかりつけ医の役割を再考してみたい。かかりつけ医は、「医療提供体制のあり方　日本医師会・四病院団体協議会合同提言」[17]において、「なんでも相談できる上、最新の医療情報を熟知して、必要なときには専門医、専門医療機関を紹介でき、身近で頼りになる地域医療、保健、福祉を担う総合的な能力を有する医師」とされている。

似た言葉で「家庭医」というものがある。一般社団法人日本プライマリ・ケア連合学会の説明によれば、家庭医とは、地域住民の健康のために働く総合診療医のことであり、さらに「地域を『まるごと診る』ためには、特定の年齢・臓器・疾患などを守備範囲とする他の専門医とは異なるアプローチが求められます。具体的には、地域全体を対象として、日常よく遭遇する健康問題に対して、年齢や疾患を問わず、予防医療、多疾患併存（multimorbidity）や、心理社会的問題などを含めて、家族との関係性も重視しつつ、包括的に対応できる能力が必要になります。また、地域全体を診るという視点からは、地域の医療・介護・福祉などのリソースと連携して、最適なサービスを提供していく能力も重要です。働く場所も多様であり、大都市から僻地・離島、総合病院からクリニックまで、活躍の場を選びません」[18]とされている。

ここでは、地域という言葉がキーワードになっているが、家庭医というからには、家庭をみる（診る）、個人の生涯をみる（診る）という視点が重要であろう。

同学会の草場鉄周理事長は、「地域住民と継続的な人間関係を築いていて、患者一人一人の個性や家族の状況、さらには地域環境も把握し、幼児でも、おじいちゃん、おばあちゃんでも、また、どのような健康問題でも、『専門外』などと言わずに、とにかく診てくれる。呼ばれれば往診もし、場合によっては夜中に診察することもある」[19]と述べている。

日本において、かかりつけ医の大きな役割に生活習慣病対策がある。これは、日本の医療費の約三分の一が生活習慣病の医療費であることからもわかるように（図1-1、29頁）、先進国である日本は感染症を乗り越え、生活習慣病ひいてはアルツハイマー病のような変性疾患に対応しなければならないという構造のなかで、特に生活習慣病対策を中心にしてきたと筆者は考えている。特定健診・特定保健指導などの制度ができたのもまさにその一環であろう。

しかし、今回のコロナ禍のような感染症対策、あるいは近々に対応を迫られる認知症対策などを議論する際には、今までのやり方でよかったのかを再度考えなければならないのではないだろうか。その意味で家庭医が、感染症という全世代にわたる疾患、あるいは認知症といった終末期に関係する疾患を診ると同時に、その人自身の生涯にわたる生活を診るという立場に変化しなければならないであろう。コロナ禍がそういった変革のきっかけになるのではないかと考えている。

7 未来に向けて：社会保障と医師（専門家）の視点で

ではこれから、医師などの専門家の役割はどうなるのだろうか。非常に大きな変化としては、すでに少し述べたように、産業革命以降、印刷技術に支えられてきた知識のあり方が、ＩＴに支えられる情報に変わるということだ。ここで、知識と情報の違いについて、知識は「経験または教育を通して獲得される理解」、情報は「ものまたは人について、文字や会話、絵などを通して提供された内容」と考えておこう。

ＩＴを通して得られる情報は、今回のコロナ禍で明らかなように、玉石混交であり、それを見極めるにはヘルスリテラシーがいる。いくら個人の価値観が重要と言っても、やはり間違った情報によって、いきなり死んでしまうといったことは避けたいし、避けなければならないだろう。

とはいえ、情報洪水とも言える状況において、真理は残るものの、生活者の価値観が多様化し、何が真に求められるものかがわかりにくくなっていくであろう。コロナ禍を見れば、さまざまな専門家がさまざまな意見を言い、何が真実かはわかりにくい。同じ医師であっても、相反する主張をすることもある。それは、学問だけではなく、主張者の思想や信条が反映されるからである。

このことは、たとえば書籍などの業界でも、ＩＴの進歩によりロングテールという現象が起きたことからもわかる。一部の愛読者にとってのみ必要な書籍であったとしても、印刷コストを下げれば少部数の出版やオンデマンドでの印刷ができる。製薬会社の場合でも、希少疾患のように一つの国では少数の患者しかいないが、全世界で見れば多くの患者がいるために、それを救うために新薬を開発することがビジネスとして成立するなど、旧来のビジネスモデルの変更が必要になる。

そこで問題になるのが、社会保障という制度の役割ではないだろうか。ヨーロッパを中心に、日本においても国民に最低限度の生活を保障する、という思想のもと、社会保障という考えができている（繰り返しになるが、日本の社会保障で提供される医療は最低限度ではまったくないが）。この変革が必要ではないだろうか。

価値観が多様化し、これは必ずしもよいことではないが、格差がある程度固定化して階級社会になったりしたような場合に、あまり考えたくないが、江戸時代のように「分相応」を頭に置いた考え方も必要なのかもしれない。しかし、これもよくGDP至上主義者が言うことではあるが、江戸時代における上層階級と現在における下層階級のどちらが幸せかといった議論が出てくる。階級論あるいは格差論は本書がカバーする範囲からは外れるが、やはり人それぞれの価値観に合わせた医療が必要であることは間違いない。そのためにファイナンスをするということが社会保障の本質であり、それを目指す仕組みであるならば、少し社会保障のあり方を変えていかなければならないことは間違いないであろう。

その意味では、モデルとして三つのパターンがあると考えられるのではないだろうか。一つめはヨーロッパのように従来型の社会保障を守りつつ、今回のコロナ禍ではいみじくもその欠点が露呈されたが、価値観に基づく医療は自費として二階建ての制度とし、病院などの医療機関の数をある程度コントロールしていくという方法である。二つめは、これも同じくコロナ禍においては非常にまずいことになっているが、アメリカのように民主主義とITを両立させていくという考え方である。そして三つめとして、中国のように国家主義とITを両立させていくという考え方もありうる。

前者の二つは、感染症対策のように、負の外部性を持つために共通の価値観を強いねばならない状況に弱いので、そこは別の考え方として補強していくことが前提になるのではあるが、この三つの大きなパターンを考えて医療分野のファイナンス（社会保障）あるいは方向性を考えなければならないのではなかろうか。そこには、個別性の重視という視点で、官主導ではなくIT（場合によってはAI）を使用した医療サービス提供体制とそれに見合った社会保障の仕組みが望ましい。

最後に、本章5節以降で述べてきた「専門家」の視点からも、提言を試みたい。筆者は、すでに分かれてきてはいるのだが、医師の仕事を、再度三つに区分して再定義することが必要ではないかと考えている。一つめは、知識を伝達する専門家としての医師の仕事である。知識の伝達とはいうものの、生活者が自らITやAIを駆使して情報を得る場合もあろうから、これはかかりつけ医（家庭医）を中心に、生活者のサポートや伴走を行う役割が中心になろう。二つめに、外科に代表される技術を用いて治療を行ったり、高度な診断を行ったりする医師である。そして最後に、医学（知識）の生産、発展、深化を行う医師である。これは、医学部では基礎医学として位置づけられているが、医療ITや公衆衛生といった文科系との接点も重要である。

弁護士や会計士のような他の専門家では、この三つの区分は明確ではないが、医学においてはすでに、内科系、外科系、基礎医学系といったように分化が行われていた。これは医師すべてが、本章で言う専門家になるわけではないことを示すが、日本の場合には大半が臨床家（専門家）になり、基礎医学系を専攻する医師は少なかった。それは、臨床家の収入が多かったことにも起因しているであろう。そこで改めて、この三つの役割の再定義を行い、特に基礎医学系の補強を行うことも重要だと考えている。

注

1 「ノバルティス、CAR-T細胞医療の治験用製品製造に関する神戸医療産業都市推進機構への技術移転を完了」ノバルティスファーマ株式会社プレスリリース、2019年1月29日（https: //www. novartis. co. jp/news/media-releases/prkk20190129-2）。

2 真野俊樹「米大統領の『コロナは7月か8月か…』発言、その本当の意味をご存じか」マネー現代、2020年3月27日（https://gendai.ismedia.jp/articles/-/71225）。

3 「アント、香港・上海上場を延期　中国当局が創業者ら聴取」『日本経済新聞』2020年11月3日（https://www.nikkei.com/article/DGXMZO65796060T01C20A1MM8000）。

4 「アリペイからインシュアテック相互保険型商品「相互保（シャンフーバオ）」が発売開始！」Glo Tech Trends、2018年10月17日（https://glotechtrends.com/alipay-xianghubao-insurance-181017/）。

5 ハラリ（2018）。

6 「【衝撃】死んだペットの記憶・性格をコピーできる「クローンペット」中国が生産へ！『ペットロスで悲しむ必要ない』」TOCANA、2019年8月27日（https://tocana.jp/2019/08/post_109460_entry.html）。

7 サスカインド＝サスカインド（2017）。

8 ルーベンスタイン（2018）。

9　「士農工商」Wikipedia（https://ja.wikipedia.org/wiki/士農工商）、青柳（１９９６）。
10　Nutbeam（1998）.
11　Eichler, Wieser and Brügger（2009）.
12　Berkman, et al.（2011）.
13　真野俊樹「コロナで絶体絶命のイタリアと違い、日本で死者激増の可能性は低い理由」ダイヤモンドオンライン、２０２０年３月24日（https://diamond.jp/articles/-/232537）。
14　真野俊樹「コロナ禍中のK-1開催　『感染は自己責任で参加』は医療制度的に正しいか」ダイヤモンドオンライン、２０２０年３月25日（https://diamond.jp/articles/-/232704）。
15　バーンスタイン（２０１５）。
16　「ベネチアの水が透明に　コロナ禍に浮き出た人間の身勝手」朝日新聞デジタル、２０２１年１月３日付（https://www.asahi.com/articles/ASNDT63V3ND8UHBI005.html）。
17　日本医師会・四病院団体協議会「医療提供体制のあり方　日本医師会・四病院団体協議会合同提言」２０１３年８月８日（https: //www. mhlw. go. jp/file/05-Shingikai-12601000-Seisakutoukatsukan-Sanjikanshitsu_Shakaihoshoutantou/0000015541.pdf）。
18　一般社団法人日本プライマリ・ケア連合学会ホームページ、「家庭医とは」（https://www.shin-kateiiryo.primary-care.or.jp/kateii）。
19　草場鉄周「家庭医療とは？」厚生労働省、第５回医道審議会医道分科会診療科名標榜部会資料、２００８年２月13日（https://www.mhlw.go.jp/shingi/2008/02/dl/s0213-5d.pdf）。

あとがき

まえがきで偉そうなことを述べた。読んでいただいた読後感はどうだっただろうか。皆さまの期待に応えられていれば嬉しく思う。

筆者は縁があって日本評論社からの出版物が多い。日本評論社では比較的教科書に近い書籍を多く書かせていただいているが、今回は状況が状況のためにかなり自分の意見なり主張を述べるようにした。

一般的なことかどうかわからないが、筆者は通常の新書においては比較的自分の意見を自由に述べるものが多く、読者も気楽に読めるものと考えており、自分でもそのように出版をさせていただいてきたつもりである。その意味では、本書は新書ではないが、かなり新書に近い位置づけかもしれない。

年収が２００万円以上の後期高齢者の自己負担を1割から2割に上げることで現役世代の医療費負担を８８０億円減少させるという制度ができたり、児童手当を収入によっては給付の対象外とするといった抑制を行う一方で、ＧＯＴＯトラベルが２０２０年12月24日に急遽中止になり、その補償のために大量の税金が投入される。

お金には色はない。どのように税金が使われているのか、このままでいいのかという疑問を持つ人も多いであろう。やはり親方日の丸、あるいは上意下達といった制度設計にはもはや限界があるのではないか。

一方では本書で述べたように、日本には優れた医療制度があり、優れた医療提供者がいる。今まで国民はあまり医療制度には関心を持ってこなかったが、コロナ禍により、医療のあり方について関心を持つ人が増えた。統計をとったわけではないがアメリカが国民皆保険ではないといったことを知っていた人は以前は少なかったと思われるが、今では多くの人が知っているであろう。

このような状況の中で何かできることがあるのではないかと考えたのが本書である。コロナ禍でのＩＴの進展によって世の中が劇的に変わろうとしている。筆者は国民がＩＴをうまく使うことと、優れた日本の医療提供者が結びつくことによって、ウィズコロナ時代の新たな医療の未来がつくられるのではないかと考えている。

本書のかなりの部分は２０２０年に書かれたものである。ただ２０２1年5月現在になっても、コロナ禍は終息するかどうかわからない状況にある。その意味ではアフターコロナではなく、ウィズコロナがしばらく続くかもしれず、筆者の予想も多少後ろ倒しになる部分と、逆に早く動くものに分かれるのかもしれないと考えてはいる。

最後に本書の出版にあたってご協力を頂いた日本評論社の皆さん、また中央大学や多摩大学での議論に関わってもらった多くの方々、さらにはそれこそネット上でいろいろな情報をいただいた皆さん、最後に家族に感謝しつつ、本書を締め括りたい。

２０２1年5月

真野俊樹

参考文献

■日本語文献

青柳精一（1996）『診療報酬の歴史』思文閣出版。

池上直己・西村周三編著（2005）『医療技術・医薬品』（講座 医療経済・政策学、第4巻）勁草書房。

石弘之（2018）『感染症の世界史』角川ソフィア文庫。

伊勢田哲治・樫則章編（2006）『生命倫理学と功利主義』ナカニシヤ出版。

一条勝夫（1982）『日本の病院』日本評論社。

漆博雄（1998）『医療経済学』東京大学出版会。

エルトン、ジェフ＝オリオーダン、アン（2017）『ヘルスケア産業のデジタル経営革命――破壊的変化を強みに変える次世代ビジネスモデルと最新戦略』永田満監訳、日経BP。

大野和基編（2020）『コロナ後の世界』文春新書。

小川鼎三（1964）『医学の歴史』中公新書。

小椋正立＝ワイズ、デービッド編（2002）『【日米比較】医療制度改革――日本経済研究センター・NBER共同研究』日本経済新聞社。

ガブリエル、マルクス＝ハート、マイケル＝メイソン、ポール（2019）『未来への大分岐――資本主義の終わりか、人間の終焉か？』斎藤幸平編、集英社新書。

亀井卓也（2019）『5Gビジネス』日経文庫。

川上武（1986）『技術進歩と医療費――医療経済論』勁草書房。

川上武（1997）『21世紀への社会保障改革――医療と福祉をどうするか』勁草書房。

木村正人（2020）「『新型コロナは変異しにくいのか、しやすいのか』素人なりに考えてみました」2020年5月4日（https://news.yahoo.co.jp/byline/kimuramasato/20200504-00176923/）。

ギャロウェイ、スコット（2018）『the four GAFA 四騎士が創り変えた世界』渡会圭子訳、東洋経済新報社。

桐野高明（2018）『医師の不足と過剰――医療格差を医師の数から考える』東京大学出版会。

忽那賢志（2020）「どうなればコロナは終息するのか　再感染例の続発やブラジルでの抗体陽性率低下は何を意味するのか？」

２０２０年９月26日（https://news.yahoo.co.jp/byline/kutsunasatoshi/20200926-00200154/）。

熊倉正修（２０１９）『日本のマクロ経済政策』岩波新書。

郡司篤晃（１９９８）『医療システム研究ノート』丸善プラネット。

厚生労働省（２０１５）『保健医療２０３５提言書』（https://www.mhlw.go.jp/stf/shingi2/0000088369.html）。

国立がん研究センター研究所編（２０１８）『「がん」はなぜできるのか――そのメカニズムからゲノム医療まで』講談社ブルーバックス。

後藤武（２００７）『公立病院の生き残りをかけて』じほう。

後藤敏和（２０１７）『大変だ!! 地方中核病院長 奮闘記――病院経営の可能性を探った4年間の記録』ロギカ書房。

後藤励・井深陽子（２０２０）『健康経済学――市場と規制のあいだで』有斐閣。

近藤隆雄（１９９９）『サービスマーケティング――サービス商品の開発と顧客価値の創造』生産性出版。

サスカインド、リチャード＝サスカインド、ダニエル（２０１７）『プロフェッショナルの未来――ＡＩ、ＩｏＴ時代に専門家が生き残る方法』小林啓倫訳、朝日新聞出版。

サンスティーン、キャス（２０１７）『命の価値　規制国家に人間味を』山形浩生訳、勁草書房。

塩谷泰一（２００３）『もっと病院変わらなきゃマニュアル』日総研出版。

島倉原（２０１９）『ＭＭＴ〈現代貨幣理論〉とは何か――日本を救う反緊縮理論』角川新書。

世古口務編著（２０１４）『松阪市民病院経営改善の検証』日本医学出版。

田尾雅夫（２００１）『ヒューマンサービスの経営』白桃書房。

高尾洋之（２０１７）『鉄腕アトムのような医師――ＡＩとスマホが変える日本の医療』日経ＢＰ。

田多英範編著（２０１４）『世界はなぜ社会保障制度を創ったのか――主要9カ国の比較研究』ミネルヴァ書房。

田多英範編著（２０１８）『厚生〈労働〉白書』を読む――社会問題の変遷をどう捉えたか』ミネルヴァ書房。

出口治明（２０１９）『哲学と宗教全史』ダイヤモンド社。

東京慈恵会医科大学先端医療情報技術研究講座（２０１６）『スマホで始まる未来の医療――医療＋ＩＣＴの最前線』日経ＢＰ。

Dr. K（２０１９）『医学生・若手医師のための 誰も教えてくれなかったおカネの話』金芳堂。

冨田奈穂子・井上幸恵・池田俊也（２０１１）「医療技術評価（ＨＴＡ）の政策立案への活用可能性（前編）」『医療と社会』第21巻2号：１６３-１７４頁。

鳥集徹・和田秀樹（２０２０）『東大医学部――本物の「成功者」はどこにいる?』ブックマン社。

Drummond, M. F., Sculpher, M. J., Claxton, K., Stoddart, G. L. and Torrance, G. W.（２０１７）『保健医療の経済評価（第4版）』久繁哲徳・橋本英樹監訳、篠原出版新社。

西谷格（２０２０）『ルポ　デジタルチャイナ体験記』ＰＨＰビジネス新書。

西村周三（１９８７）『医療の経済分析』東洋経済新報社。

西村周三（１９９７）『医療と福祉の経済システム』ちくま新書。

西村周三（２０００）『保険と年金の経済学』名古屋大学出版会。

日本政策投資銀行／日本経済研究所監修・編修（２０２０）『ヘルスケア業界データブック２０２０――数値で理解する医療・介護・関連産業の経営動向（医療経営士サブテキストシリーズ）』日本医療企画。

長谷川俊彦編（２００２）『病院経営戦略』医学書院。

原田泰（２０１４）『日本を救ったリフレ派経済学』日経プレミアシリーズ、日経ＢＰ。

ハラリ、ユヴァル・ノア（２０１８）『ホモ・デウス――テクノロジーとサピエンスの未来（上・下）』柴田裕之訳、河出書房新社。

バーンスタイン、ウィリアム（２０１５）『「豊かさ」の誕生――成長と発展の文明史（上・下）』徳川家広訳、日経ビジネス人文庫。

広井良典（２０１９）『人口減少社会のデザイン』東洋経済新報社。

藤井保文・尾原和啓（２０１９）『アフターデジタル――オフラインのない時代に生き残る』日経ＢＰ。

藤井保文（２０２０）『アフターデジタル２――ＵＸと自由』日経ＢＰ。

ブラホス、ジェイムズ（２０１９）『アレクサ vs シリ――ボイスコンピューティングの未来』日経ＢＰ。

ブレマー、イアン（２０１８）『対立の世紀――グローバリズムの破綻』奥村準訳、日経ＢＰ。

ボストンコンサルティンググループ医療機関チーム（２０２０）『実践ＢＣＧ流病院経営』エルゼビア・ジャパン。

松田純（２０１８）『安楽死・尊厳死の現在――最終段階の医療と自己決定』中公新書。

松村むつみ（２０２０）『自身を守り家族を守る医療リテラシー読本』翔泳社。

松山幸弘（１９９４）『アメリカの医療改革――日本は何を学ぶべきか』東洋経済新報社。

真野俊樹（２０００）『医師は変われるか――医療の新しい可能性を求めて』はる書房。

真野俊樹（２００１）『医者になるまで　なってから』シーエムシー出版。

真野俊樹（２００３）『医療マーケティング』日本評論社。

真野俊樹（２００４a）『医療マネジメント』日本評論社。

真野俊樹（２００４b）「自治体病院のあり方と今後――アカウンタビリティと外部評価の視点を踏まえて」『公営企業』第36巻4号：3-14頁。

真野俊樹（２００５）『健康マーケティング』日本評論社。

真野俊樹（２００６a）『入門 医療経済学――「いのち」と効率の両立を求めて』中公新書。

真野俊樹（２００６b）「組織論の視点から見た自治体病院」『公営企業』第38巻8号：29-39頁。

真野俊樹（２０１２）『入門 医療政策――誰が決めるか、何を目指すのか』中公新書。

真野俊樹（２０１７a）『医療危機――高齢社会とイノベーション』中公新書。

真野俊樹（２０１７b）『日本の医療、くらべてみたら10勝5敗3分けで世界一』講談社＋α新書。

真野俊樹（２０１８a）『医療で「稼ぐ」のは悪いことなのか？――医療立国の可能性，その課題と展望』薬事日報社。

真野俊樹（２０１８b）『治療格差社会――ドラッカーに学ぶ、後悔しない患者学』講談社＋α新書。

真野俊樹（２０１９）『医療マーケティング（第3版）』日本評論社。

村上陽一郎編（２０２０）『コロナ後の世界を生きる――私たちの提言』岩波新書。

森健・日戸浩之著、此本臣吾監修（２０１８）『デジタル資本主義』東洋経済新報社。

康永秀生（２０１８）『健康の経済学――医療費を節約するために知っておきたいこと』中央経済社。

吉川洋（２０１６）『人口と日本経済――長寿、イノベーション、経済成長』中公新書。

吉森賢編（２００７）『世界の医薬品産業』東京大学出版会。

リプスキー、マイケル（１９８６）『行政サービスのディレンマ――ストリート・レベルの官僚制』田尾雅夫訳、木鐸社。

ルーベンスタイン、リチャード・E（２０１８）『中世の覚醒――アリストテレス再発見から知の革命へ』小沢千重子訳、ちくま学芸文庫。

レイ、L・ランダル（２０１９）『MMT現代貨幣理論入門』島倉原監訳、東洋経済新報社。

ロスリング、ハンス＝ロスリング、オーラ＝ロンランド、アンナ・ロスリング（２０１９）『FACTFULNESS（ファクトフルネス）――10の思い込みを乗り越え、データを基に世界を正しく見る習慣』上杉周作・関美和訳、日経BP。

■外国語文献

Barendregt, J. J., Bonneux, L. and van der Maas, P. J. (1997) "The Health Care Costs of Smoking," *New England Journal of*

Medicine, 337: 1052–1057.

Berkman, N. D., Sheridan, S. L., Donahue, K. E., Halpern, D. J. and Crotty, K.（2011）“Low Health Literacy and Health Outcomes: An Updated Systematic Review,” *Annals of Internal Medicine*, 155(2): 97–107.

CADTH Evidence Driven（https://www.cadth.ca/）.

Danzon, P. M. and Furukawa, M. F.（2003）“Prices and Availability of Pharmaceuticals: Evidence from Nine Countries,” *Health Affairs*, 22(SUPPL 1- W3): 521–536.

Eichler, K., Wieser, S. and Brügger, U.（2009）“The Costs of Limited Health Literacy: A Systematic Review,” *International Journal of Public Health*, 54(5): 313–324.

Getzen, T. E.（2000）“Health Care is an Individual Necessity and a National Luxury: Applying Multilevel Decision Models to the Analysis of Health Care Expenditures,” *Journal of Health Economics*, 19(2): 259–270.

Hardin, G.（1968）“The Tragedy of the Commons,” *Science,* 162(3859): 1243–1248.

Nutbeam, D.（1998）“Evaluating Health Promotion: Progress, Problems and Solutions,” *Health Promotion International*, 13(1): 27–44.

To, K. K.–W., et al.（2020）“Coronavirus Disease 2019（COVID-19）Re-Infection by a Phylogenetically Distinct Severe Acute Respiratory Syndrome Coronavirus 2 Strain Confirmed by Whole Genome Sequencing,” *Clinical Infectious Diseases*, ciaa1275.

著者紹介

真野俊樹（まの　としき）

中央大学大学院戦略経営研究科教授、多摩大学大学院特任教授、名古屋大学未来社会創造機構客員教授、医師。

1987年名古屋大学医学部卒業。医学博士、経済学博士、総合内科専門医、日本医師会認定産業医、MBA。臨床医を経て、1995年9月コーネル大学医学部研究員。外資系製薬企業、国内製薬企業のマネジメントに携わる。同時に英国レスター大学大学院でMBA取得。2004年、京都大学にて博士（経済学）取得。

その後、国立医療・病院管理研究所協力研究員、昭和大学医学部公衆衛生学（病院管理学担当）専任講師、多摩大学医療リスクマネジメント研究所教授を経て、現職。

新《あら》たな医療危機《いりょうきき》を超《こ》えて

コロナ後の未来を医学×経済の視点で考える

2021年7月20日　第1版第1刷発行

著　者　真野俊樹
発行所　株式会社日本評論社
〒170-8474　東京都豊島区南大塚3-12-4
電話　03-3987-8621（販売）　03-3987-8595（編集）
https://www.nippyo.co.jp/　　振替　00100-3-16
印刷所　精文堂印刷株式会社
製本所　井上製本所
装　幀　図工ファイブ

検印省略

Printed in Japan　　ISBN 978-4-535-55995-0